Ullstein

ÜBER DAS BUCH:

Die Yoga-Sutras des Inders Patanjali (entstanden ca. 200 v. Chr.) sind die berühmteste und älteste systematische Darstellung des Yoga.
Yoga ist nicht nur eine Lehre und eine psychische Wissenschaft, sondern vor allem Lebenskunst, die Kunst der Selbst- und Lebensmeisterung. Durch die Praktizierung von Yoga soll es möglich sein, das spirituelle Bewußtsein zu erweitern und auf diesem Weg dem kosmischen Bewußtsein, der höchsten Bewußtseinsschicht im Weltall, der Gottheit, näherzukommen, sich mit ihr zu vereinigen. Diese Vereinigung ist letztlich das Ziel ernsthaft praktizierter Yogaübungen.
Patanjali stellt in diesem Werk eine Vielzahl von Aphorismen – Sutras – zusammen, um den Weg zu geistiger Konzentration und völliger Klarheit zu weisen. Keinem anderen Werk ist es seither gelungen, Yoga so klar, authentisch und lebendig zu vermitteln, seine Ziele und Methoden, seine Kräfte und die Befreiung, die es gewährt. Swami Prabhavananda und Christopher Isherwood haben dem von ihnen aus dem Sanskrit übersetzten Text ausführliche Kommentare hinzugefügt, um dem westlichen Leser die Weisheit und Aktualität von Patanjalis Sutras zugänglich zu machen.

DIE HERAUSGEBER:

Swami Prabhavananda ist Übersetzer und Kommentator vieler Texte der spirituellen Tradition Indiens. In deutscher Sprache ist von ihm erschienen *Die Bergpredigt im Lichte des Vedanta* (1994).
Christopher Isherwood (1904–1986), der weltbekannte Roman- und Bühnenautor, wandte sich im Laufe seines Lebens der indischen Religionsphilosophie zu. Er arbeitete mit Swami Prabhavananda an der Übersetzung der »Bibel Indiens«, der Bhagavad-Gita.

Swami Prabhavananda und
Christopher Isherwood (Hrsg.)

Gotterkenntnis

Die Yoga-Sutras des Patanjali

Aus dem Amerikanischen von Robert V. Scholer

Ullstein

Ullstein Buchverlage GmbH & Co KG,
Berlin
Taschenbuchnummer: 35780
Titel der Originalausgabe:
How to know God
Aus dem Amerikanischen von
Robert V. Scholer
Deutsche Erstausgabe
August 1998
Umschlaggestaltung:
Vera Bauer
Unter Verwendung einer Abbildung
von TCL/Bavaria

Printed in Germany 1998
Gesamtherstellung:
Clausen & Bosse, Leck
ISBN 3 548 35780 6

Die Deutsche Bibliothek – CIP-Einheitsaufnahme

Gotterkenntnis: die Yoga-Sutras des Patanjali/Swami
Prabhavananda und Christopher Isherwood (Hrsg.). Aus dem
Amerikan. von Robert V. Scholer. – Dt. Erstausg. – Berlin: Ullstein, 1998
(Ullstein-Buch; Nr. 35780)
Einheitssacht.: How to know God <dt.>
ISBN 3-548-35780-6

Inhalt

Eine Philosophie, eine Religion, eine Art zu leben, ein Zustand des Seins

Yoga kann nicht treffend in den Begrenzungen der traditionellen westlichen Schlagwörter definiert werden.

Yoga ist *es selbst* und muß als solches studiert werden, ehe wir seine Natur, seinen Sinn und seinen Wert verstehen können.

In diesem Buch haben die Übersetzer einen der Grundsteine der Yoga-Literatur zugänglich gemacht. Keine Mühe wurde gescheut, um den Vorhang von obskurem Wortsalat und esoterischer Terminologie älterer englischer Übersetzungen dieses Klassikers zu lüften.

Das Resultat ist ein wichtiger Beitrag, der sowohl reichhaltige intellektuelle Anregung als auch neue, den Geist erweiternde Visionen im Umgang mit den Wirren und den mitunter quälenden Möglichkeiten der modernen Welt liefert.

»Ob Sie dieses Buch als ein Werk intellektueller Philosophie ansehen oder ... als eine Interpretation der Prinzipien, die den großen religiösen Wahrheiten unterliegen, es ist ein Buch, das zutiefst befriedigend, aufregend und fesselnd ist.«

John Van Druten

Vorwort
von Swami Prabhavananda

Die Yoga-Sutras (Aphorismen) des Patanjali sind nicht die originale Darlegung einer Philosophie, sondern ein Werk der Zusammenfassung und Neuformulierung.

Referenzen zu Yoga-Praktiken – spirituelle Disziplinen und Meditationstechniken, die den Menschen befähigen, einheitliches Wissen über Gott zu erlangen – werden schon in den Katha, Swetaswatara, Taittiriya und Maitrayani Upanishaden viele Jahrhunderte früher gefunden. Tatsächlich kann man sagen, daß die Yoga-Lehre aus prähistorischen Zeiten überliefert worden ist.

Was Patanjali tat, war, die Philosophie und Praxis des Yoga für den Menschen seiner Zeit neu zu formulieren. Aber wann *war* seine Zeit? Und wer war Patanjali? Es ist kaum etwas über ihn bekannt. Einige Autoritäten glauben, daß es eigentlich zwei Patanjalis gab, der eine ein Grammatiker und der andere der Autor der Sutras. Andere verneinen dies. Was die Zeit der Sutras anbelangt, gehen die Meinungen der Scholastiker weit auseinander, vom 4. Jahrhundert vor Christus bis zum 4. Jahrhundert nach Christus.

Der einfachste Sinn des Wortes Sutra ist »Faden«. Ein Sutra ist sozusagen der bloße Faden einer Ausführung, das absolute Minimum, das notwendig ist, um sie zusammenzuhalten, durch keine einzige »Perle« der Ausführung geschmückt. Nur essentielle Wörter werden benutzt. Oft gibt es keine komplette Satzstruktur. Es gab einen triftigen Grund für diese Methode. Die Sutras wurden zu einer Zeit verfaßt, in der es noch keine Bücher gab. Das gesamte Werk mußte auswendig gelernt werden, und so mußte es so knapp wie möglich gehalten werden. Patanjalis Sutras, wie alle anderen, waren geplant, um erläutert und erklärt zu werden. Die alten Lehrer wiederholten einen Aphorismus auswendig und fuhren dann fort, ihn zum Nutzen ihrer Schüler mit ihren eigenen Kommentaren zu verstärken. Bei verschiedenen Gelegenheiten wurden diese Kommentare auch auswendig gelernt, später niedergeschrieben und so für uns erhalten.

Diese Übersetzung haben wir nicht nur mit einem Kommentar versehen, sondern die Aphorismen selbst ausgedehnt und umgeschrieben, so daß jeder einzelne eine verständliche Aussage in englischer (deutscher) Sprache wird.

Verschiedene andere Übersetzer waren nicht geneigt, sich diese Freiheit zu nehmen, und haben deshalb eine Version des Textes angeboten, die in etwa wortgetreu, aber so rätselhaft ist wie die Vorlesungsnotizen eines Professors. Der Text war unverständlich, bis man den Kommentar sorgfältig studiert hatte.

Wir glauben, daß diese Art Übersetzung einen negativen psychologischen Effekt auf den Leser hat. Unfähig, bei der ersten Lektüre etwas aus den Aphorismen zu machen, neigt er zu dem Urteil, daß das ganze Thema für ihn zu schwierig sei. Es gibt sowieso genug Schwierigkeiten beim Studieren der Yoga-Philosophie. Es war unser Ziel, sie nicht noch unnötig zu vermehren.

Unser Kommentar ist größtenteils unser eigenes Werk. Dennoch sind wir den Erklärungen zweier Kommentatoren aus alter Zeit, Bhoja und Vyasa, gefolgt.

Wir haben auch des öfteren aus den brillanten und tief-intuitiven Kommentaren des Swami Vivekananda zitiert. Diese Kommentare wurden während der Vorlesungen über Patanjali abgegeben, die der Swami vor mehr als fünfzig Jahren [1] in den Vereinigten Staaten abhielt. Sie wurden von seinen Schülern aufgeschrieben und sind in seinem Buch über *Raja-Yoga* enthalten.

1 Anm. d. Ü.: Mittlerweile ist es hundert Jahre her, daß Swami Vivekananda im Jahre 1896–97 in Amerika war. Er war der Erste, der Yoga in größerem Umfang im Westen bekannt machte.

Da Yoga vor Patanjali original in der Vedanta-Philosophie gründete, haben wir die Aphorismen durchgehend vom Vedanta-Standpunkt ausgelegt. Hierin unterscheiden wir uns von Patanjali selbst, der ein Anhänger der Sankhya-Philosophie war. Dies sind aber hauptsächlich technische Unterschiede, und es ist am besten, nicht zu stark auf sie zu pochen, da der Leser sonst durcheinandergebracht wird. Sie sind kurz an geeigneter Stelle in unserem Kommentar erklärt.

Generell wollten wir dieses Buch als eine praktische Hilfe für das spirituelle Leben vorstellen; eine Hilfe, die von Anhängern jeder Religion benutzt werden kann – der hinduistischen, christlichen oder einer anderen. Wir haben deshalb vermieden, uns zu sehr mit den metaphysischen und okkulten Aspekten abzugeben. Dieses Studium kann manche Gemüter faszinieren, aber letzten Endes ist es unfruchtbar, und es kann bei Übertreibung sogar gefährlich sein.

Während der Arbeit an diesem Buch wurde uns vorgeschlagen, einen Vergleich von Yoga und moderner westlicher Psychologie einzubeziehen. Solch ein Vergleich ist schon von verschiedenen Schriftstellern versucht worden, und einige interessante Ähnlichkeiten und Unterschiede in Theorie und Praxis wurden festgestellt. Aber von unserem Standpunkt aus scheint der Vergleich an sich weder fair noch gültig zu sein.

Die Yoga-Philosophie ist ein »fertiges Produkt«. Die westliche Psychologie entwickelt sich noch immer, und zwar auf verschiedenen Wegen; dauernd werden neue Theorien hervorgebracht und alte aufgegeben. Wenn man kategorisch sagt: »Die westliche Psychologie vertritt die Meinung ...«, läuft man Gefahr, sich dem Vorwurf der Ungenauigkeit auszusetzen.

Wir können jedoch eines mit Sicherheit sagen: Die Mehrzahl der westlichen Psychotherapeuten erkennt bis jetzt die Existenz des Atman, des Göttlichen im Menschen, nicht an und versucht deshalb nicht, ihren Patienten zu helfen, die Einheit des perfekten Yoga zu erlangen.

Was die Psychotherapeuten – die jetzt immer zahlreicher werden – anbelangt, welche seriöses Interesse am Yoga haben, würden viele ohne Zweifel ihre Position ungefähr folgendermaßen darlegen: »Wir können unseren Patienten bis zu einem gewissen Punkt helfen – bis zu einem angemessenen Grad der Anpassung auf psychologischer Ebene. Weiter wollen wir nicht gehen. Wir erkennen die Möglichkeit einer höheren, spirituellen Integration an, aber wir ziehen es vor, sie nicht zum Bestandteil unserer Therapie zu machen, da wir glauben, daß die beiden getrennt gehalten werden sollten. Wenn ein Patient spirituelle Integration erreichen möchte, können wir ihn nur zu einem Yoga-Lehrer oder einem Priester schicken. Wo wir aufhören, beginnt Yoga.«

Und deshalb bleibt das Problem im Moment bestehen.

Zum Schluß müssen wir dankbar die Erlaubnis erwähnen, die uns erteilt wurde, um aus folgenden Büchern zu zitieren: Erwin Schrödinger, *What is Life?*, herausgegeben von der Cambridge University Press (dt. Titel: Was ist Leben?); das Buch, das *The Way of a Pilgrim* und *The Pilgrim continues His Way* enthält (dt. Titel: Der Weg eines Pilgers; Der Pilger setzt seinen Weg fort), übersetzt von R. M. French und herausgegeben von der Gesellschaft zur Förderung christlichen Glaubens, London; die *Bhagavad-Gita*, übersetzt von den Autoren dieses Buches und herausgegeben von der New American Library, sowie die folgenden Werke, die von der Vedanta Press of Hollywood herausgegeben wurden: Shankaras *Crest-Jewel of Discrimination* (Prabhavananda/Isherwood; dt. Titel: Das Krönungs-Juwel der Unterscheidung); *The Eternal Companion* (Prabhavananda; dt. Titel: Der Ewige Begleiter) und die *Upanishaden* (Prabhavananda/Manchester).

Vorwort des deutschen Übersetzers

Gar nicht so selten wird der Anstoß zum spirituellen Weg durch ein Buch gegeben. Die Klarheit und die inhärente Wahrheit spiritueller Schriften werden oft tief empfunden und können im Leser Interesse und den Wunsch erwecken, diese Welt des Ewigen, des Unendlichen, des Unsterblichen kennenzulernen, tiefer in sich hineinzublicken, anstatt nur an einer unbefriedigenden Oberfläche zu vegetieren, um seinem Leben einen grundlegenden neuen Impuls zu geben. Hier beginnt die Reise, die Suche nach dem Selbst, die bis jetzt nie zur Sprache kam, da niemand auf der Suche ist nach etwas, das er nicht vermißt. Hier entsteht ein neuer Wissensdurst, der nur durch die endgültige Erleuchtung, durch die vollständige Befreiung gelöscht werden kann.

Das Leben beginnt jetzt ein neues, großes Abenteuer zu werden, oft mühsam, beschwerlich und unangenehm (besonders wenn das Ego in Frage gestellt wird), aber so faszinierend, tief befriedigend, klarer, bewußter, durchbrochen von vielen bewegenden Erkenntnissen, die wie kleine Blitze in unserem Halbdunkel auflodern und uns Teile unseres Bewußtseins öffnen, von denen wir nicht einmal geträumt haben. Denn sie sind so natürlich, daß sie uns schon fast fremd erscheinen. Hieran können wir unsere eigene Entfremdung in einer völlig aus den Fugen geratenen Welt messen. Diese kleinen »Erleuchtungen« erhellen unseren Weg, auf dem wir uns Schritt für Schritt vorwärts tasten.

Viele dieser kleinen Einsichten werden von Swami Prabhavananda in seinem Kommentar in einer wahrlich erleuchtenden Weise beschrieben und unsere Probleme sorgfältig und mit höchster Präzision behandelt. Außerdem wird uns tiefstes Wissen über die Natur, das Universum, ihre Mechanismen und ihre Zusammensetzung vermittelt, um uns schließlich unser eigenes Wesen, den Atman, und seine Verbindung mit allem zu beschreiben. Wer das vermittelte Wissen annimmt und sich tief darin versenkt, wird ein anderer Mensch werden.

Wenn uns die Natur zu Hilfe kommt (siehe Kapitel IV,34) und beginnt, uns an der Hand zu nehmen, wird uns klar, was es heißt, ein spirituelles Leben zu führen. Wir haben vielleicht Bekannte, die uns weiterhelfen, oder Vorträge und Bücher, die uns hier- und dorthin führen, bis wir mit einer ernsthaften spirituellen Disziplin anfangen und uns bemühen, nach bestem Willen und Können an uns zu arbeiten. Oft ist eine solche Vorarbeit nötig, damit die Natur den Ernst und die eventuelle Verzweiflung des Aspiranten bemerkt. Dann wird sie ihm jede erdenkliche Hilfe schicken. Nichts ist auf dem Weg verloren und umsonst. Das ist eine fundamentale Wahrheit, die man an sich selbst erfahren kann.

An diesem Punkt der Entwicklung braucht man des öfteren die Yoga-Sutras des Patanjali, um Fehler zu vermeiden, falsches Wissen zu korrigieren, Bestätigung für Erkenntnisse zu finden oder um den Weg wiederzufinden, wenn man sich verirrt hat. Dann wird man froh sein, einen solch einfachen, ausführlichen und erleuchtenden Kommentar zur Verfügung zu haben, wie er uns von Swami Prabhavananda und Christopher Isherwood gegeben wurde. Besonders für den westlichen Leser, der meistens religiöse Wurzeln im Christentum hat, sind die Parallelen und Beispiele, die herangezogen werden, aber auch die Unterstreichung der Gegensätze und der Unterschiede beider Welten eine große Hilfe zu tieferem Verständnis des Gesagten. Es ist aber auch wichtig zu wissen, was dieses Buch *nicht* leisten kann.

Es kann nicht die Praxis, die Meditation und unsere Anstrengungen ersetzen, es kann nicht den direkten persönlichen Lehrer oder Meister ersetzen. Es kann nur inspirieren, Wissen vermitteln und beistehen. Die Meditationsanleitungen können, obwohl sie klar dargestellt sind, nicht weiterhelfen. Richtige Anleitung bzw. Einweihung wird weiterhin der Grundstein der spirituellen Disziplin sein. Hier steht der Anfänger vor einem fast unlösbaren Problem. Wem kann er sich anvertrauen, wer kann ihn führen, wer mag für ihn der richtige Meister sein? Diese Frage wird immer wieder gestellt werden, und sie kann nie befriedigend beantwortet werden. Wir machen uns auf die Suche nach einem Lehrer, einem Guru oder Meister, trotz der Medien, die ihre Schlagzeilen gern mit ketzerischen und verleumdenden Meldungen auffüllen. Es muß uns klar sein, daß die Welt der Spiritualität nicht die Welt eines Boulevard-Blattes ist. Wir müssen unseren Weg hier selbst finden. Ich kann dem Leser jedoch versichern, daß, wenn er sich mit voller Aufrichtigkeit und festem Entschluß auf den Weg macht, er einen Meister finden wird. Oft müssen wir erst verschiedene Stufen durchlaufen, bis wir reif für ihn sind. Man darf sich nicht entmutigen lassen, und man muß es sich auch verdienen. Oft verändert man sich auch so stark während des Suchprozesses, daß der Lehrer und der Weg am Anfang nicht mehr der Lehrer und der Weg am Ende sein können. Eventuell beginnt man mit einer normalen Hatha-Yoga-Schule, schreitet durch Studium und Erkenntnisse zum Raja-Yoga und zur Meditation weiter und findet sich nach Jahren der Läuterung und des Meditierens als Bhakti-Yogi wieder.

Der Pfad der Hingabe und der Verehrung (Bhakti) ist sicherlich der einfachste und schönste Weg. Er wird auch in allen Schriften als der Hauptweg des Kali-Yuga (unseres materiellen Zeitalters) angesehen. Aber da der moderne Mensch seinen Intellekt so hochgezüchtet hat und sein Herz so vertrocknet ist, steht dieser Weg am Anfang nicht immer offen. Oft wird das erst nach einem gewissen Maß von Streßabbau und dem Ausüben primärer Yoga-Techniken möglich sein. Es sei denn, man hat das unvorstellbare Glück, einen erleuchteten Meister oder Satguru zu finden – oder er findet uns (wer weiß?) –, der uns kraft seiner Allwissenheit sofort unserem Wesen nach richtig lenkt und dem wir uns völlig anvertrauen können. Hier ist das größte Problem das Vertrauenkönnen, das Sich-Aufmachen und Auf-Sein, d. h., sein Mißtrauen und den Egotismus zu überwinden, die uns so natürlich und vertraut geworden sind.

Wenn wir uns auf unseren Intellekt verlassen wollen, können wissenschaftliche Untersuchungen eine gute Hilfe bieten, da sie dem Skeptiker beweisen, daß Meditation kein Hirngespinst, sondern eine Realität auf physischer, mentaler und psychischer Basis ist. Höhere Bewußtseinszustände entsprechen verändertem Funktionieren des Nervensystems und sind somit Untersuchungen zugänglich. Wer sich hierfür interessiert, wird einige Bücher zu diesem Thema finden.

Welchen Weg wir auch immer einschlagen, es wird sich etwas tun, und wir werden weiterkommen. Patanjali kann uns auf unserer Reise wie ein Fahrplan begleiten. Letzten Endes wird alles auf die Praxis ankommen und auf den festen Vorsatz, sich auf den inneren Weg zu machen. Das Reiseziel ist die Selbstverwirklichung, das »Himmelreich in uns«.

Alles andere wird hinzugegeben werden. Dieser Ausspruch Jesu ist zeitlos, Patanjalis Aphorismen sind es auch. Und jeder, der sich diesem Wissen öffnet, wird früher oder später dieses Himmelreich in sich entdecken.

Es gibt viele englische und einige deutsche Übersetzungen der Patanjali-Aphorismen. Mich hat diese Übersetzung mit ihrem Kommentar besonders angezogen. Nach einiger Überlegung fand ich auch heraus, weshalb. Es ist nicht nur die Zugänglichkeit und relative Einfachheit der Sutras, sondern der Geist und die alldurchdringende Liebe des Sri Ramakrishna, die in jedem Satz des Buches durchschimmert. Swami Prabhavananda, als ein Schüler in direkter Linie, kann nicht anders, als dieses Bewußtsein weitergeben. Das ist überall in seinem Kommentar spürbar. »Jnani ohne Bhakti ist wie Steine kauen«, sagt Sri Mata Amritanandamayi, der große Bhakti-Avatar unserer Zeit. Technisch korrekte Yoga-Literatur ohne tiefe Realisation und Liebe ist wie eine Kuh, die man auf ein Blatt Papier gemalt hat. Sie gibt keine Milch und löscht auch den Durst nicht.

Mir war es eine große Freude, eine unermeßliche Gnade und eine erleuchtende Arbeit, diesen Text übersetzen zu dürfen. Ich danke Gott und allen, die mir dabei geholfen haben, aus tiefstem Herzen.

Howald, den 15. 2. 97

Kapitel I
Yoga und sein Ziel

1. Dies ist der Anfang der Unterweisung im Yoga.

Yoga bedeutet zunächst »Vereinigung, Verbindung«. Es ist der Sanskrit-Vorfahre des englischen Wortes »yoke«, verbinden, anjochen. Damit ist also eine Methode spiritueller Verbindung gemeint.

Yoga ist eine Methode – eine von vielen –, durch welche ein Individuum sich mit dem Göttlichen vereinen kann, der Realität, die diesem vergänglichen Universum unterliegt. Diese Vereinigung zu vollbringen heißt, den Zustand des vollkommenen Yoga zu erreichen. Das Christentum hat einen entsprechenden Ausdruck: die »unio mystica«, die mystische Vereinigung, welcher eine ähnliche Idee ausdrückt.

Bhoja, einer der klassischen Kommentatoren dieser Aphorismen, definiert Patanjalis Gebrauch des Wortes Yoga als »einen Versuch, den Atman (die Realität) von dem Nicht-Atman (dem Augenscheinlichen) zu trennen«.

Einer, der Yoga praktiziert, wird ein *Yogi* genannt.

2. Yoga ist die Kontrolle der Gedankenwellen im Geist.

Gemäß Patanjali besteht der Geist *(Chitta)*[2] aus drei Komponenten: *Manas, Buddhi* und *Ahamkar.* Manas ist die Aufnah-

2 Anm. d. Ü.: Das englische Wort »mind« wird oft mit »Gemüt« übersetzt, um anzudeuten, daß es sich nicht nur um den intellektuellen Bereich des Geistes (Denken) handelt, sondern um alle subtilen Abläufe im Menschen (Gefühle, Emotionen, Reaktionen usw.). Wir werden, je nach dem Sinn des Textes, das Wort »Geist« oder »Gemüt« gebrauchen, aber immer in einem allumfassenden Sinne.

mefähigkeit, welche die Eindrücke empfängt, die von den Sinnen aus der äußeren Welt angehäuft werden. Buddhi ist die Unterscheidungsfähigkeit, welche diese Eindrücke einordnet und auf sie reagiert.

Ahamkar ist der Ego-Sinn, der diese Eindrücke als seine eigenen ansieht und sie als individuelles Wissen lagert. Zum Beispiel meldet Manas: »Ein großes lebendes Objekt kommt schnell näher.« Buddhi entscheidet: »Das ist ein Stier. Er ist wütend. Er will jemanden angreifen.« Ahamkar schreit: »Er will *mich* angreifen, Patanjali. *Ich* bin es, der den Stier sieht. *Ich* bin es, der erschrocken ist. *Ich* bin es, der drauf und dran ist wegzulaufen.« Später, vom Ast eines nahegelegenen Baumes, fügt der Ahamkar vielleicht hinzu: »Jetzt weiß *ich*, daß dieser Stier (der nicht *ich* ist) gefährlich ist. Es gibt andere, die das nicht wissen; es ist *mein* eigenes persönliches Wissen, das *mich* diesen Stier in Zukunft meiden läßt.«

Gott, die zugrundeliegende Realität, ist per Definition allgegenwärtig. Wenn die Realität überhaupt existiert, muß sie überall sein; sie muß in jedem fühlenden Wesen, in jedem unbelebten Objekt sein. Gott-in-der-Kreatur ist in der Sanskrit-Sprache als der *Atman* oder *Purusha*, das wirkliche Selbst, bekannt. Patanjali spricht immer vom Purusha (was wörtlich »die Gottheit, die im Körper wohnt« heißt), wir werden ihn jedoch in dieser Übersetzung durch Atman ersetzen, weil Atman das Wort ist, welches in den Upanishaden und der Bhagavad-Gita[3] gebraucht wird, und weil Studenten deshalb wahrscheinlich mehr daran gewöhnt sind. Den Upanishaden und der Gita entsprechend ist der eine Atman in allen Kreaturen präsent. Patanjali, welcher der Sankhya-Philosophie folgt, glaubte, daß jede individuelle Kreatur und jedes Objekt

3 Anm. d. Ü.: Die Bhagavad-Gita (der Gesang des Erhabenen) ist die Bibel der Inder und wird oft abgekürzt als Gita (der Gesang) bezeichnet. Sie enthält die Lehre von Sri Krishna, wie sie Arjuna, einem tapferen Krieger auf dem Schlachtfeld (des Lebens), gegeben wurde. Die Upanishaden sind als Teil der vedischen Schriften die ältesten Zeugnisse indischen Denkens. Sie beschäftigen sich nur mit dem Wissen über Gott (Brahman).

seinen separaten, aber identischen Purusha habe. Diese philosophische Unterscheidung hat aber keinen praktischen Wert für den spirituellen Aspiranten.

Der Geist scheint intelligent und bewußt zu sein. Die Yoga-Philosophie lehrt, daß er es nicht ist. Er hat nur eine ausgeborgte Intelligenz. Der Atman ist selbst Intelligenz, ist reines Bewußtsein. Der Geist reflektiert dieses Bewußtsein, und so scheint er bewußt zu sein.

Wissen oder Wahrnehmung ist eine Gedankenwelle (*Vritti*) im Geiste. Alles Wissen ist deshalb objektiv. Sogar das, was westliche Psychologen Introspektion oder Selbsterkenntnis nennen, ist – nach Patanjali – objektives Wissen, da der Geist nicht der Seher ist, sondern nur ein Instrument des Wissens und ein Objekt der Wahrnehmung wie die Außenwelt. Der Atman, der richtige Seher, bleibt unbekannt. Jede Wahrnehmung erregt den Ego-Sinn, welcher sagt: »Ich weiß dies.« Aber dies ist das Ego, das spricht, nicht der Atman, das wahre Selbst.

Der Ego-Sinn wird durch die Gleichsetzung des Atman mit dem Gemüt, den Sinnen usw. verursacht. Es ist, als ob eine kleine elektrische Glühbirne verkünden würde: »Ich bin der elektrische Strom«, und dann fortfährt, die Elektrizität als ein birnenförmiges Glasobjekt zu beschreiben, welches Drahtfäden enthält. Eine solche Identifikation[4] ist absurd – so absurd wie der Anspruch des Ego, das wahre Selbst zu sein. Trotz allem *ist* der elektrische Strom in der Glühbirne zugegen, und der Atman ist in allen Dingen, überall.

Wenn ein Ereignis oder ein Objekt in der Außenwelt von den Sinnen aufgenommen wird, erhebt sich eine Gedankenwelle im Geist. Der Ego-Sinn identifiziert sich mit dieser

4 Anm. d. Ü.: Identifikation ist ein Begriff, der noch häufig vorkommen wird. Er bezeichnet die Überlagerung von zwei Begriffen oder Dingen, welche verschieden sind, aber dennoch leicht verwechselt werden. Man setzt das eine fälschlicherweise mit dem andern gleich. Im Yoga und Vedanta wird Identifikation des Atman mit der Erscheinungswelt als die Hauptursache der Unwissenheit und des Leidens angesehen. Siehe auch Kapitel II, Aphorismen 20–25.

Welle. Wenn die Gedankenwelle angenehm ist, fühlt der Ego-Sinn: Ich bin glücklich; wenn die Welle unangenehm ist: Ich bin unglücklich. Diese falsche Identifikation ist die Ursache unseres gesamten Unglücks – denn sogar das zeitweilige Gefühl von Glück des Ego erzeugt Angst, den Wunsch, an den Objekten des Vergnügens zu haften, und dies bereitet zukünftige Möglichkeiten, unglücklich zu werden, vor. Das wahre Selbst, der Atman, bleibt für immer außerhalb der Macht der Gedankenwellen, er ist ewig rein, erleuchtet und frei – das einzige unveränderliche Glück. Hieraus folgt deshalb, daß der Mensch sein wahres Selbst nie kennenlernen kann, solange die Gedankenwellen und der Ego-Sinn gleichgestellt werden. Um erleuchtet zu werden, müßten wir die Gedankenwellen unter Kontrolle bekommen, so daß die falsche Identifikation aufhört. Die Gita lehrt uns: »Yoga ist der Abbruch des Kontaktes mit dem Leid.«

Um die Handlungsweise der Gedankenwellen zu beschreiben, gebrauchen die Kommentatoren ein einfaches Bild – das Bild eines Sees. Wenn die Oberfläche eines Sees durch Wellen aufgepeitscht wird, wird das Wasser schmutzig, und man kann den Grund nicht sehen. Der See stellt den Geist dar und der Grund des Sees den Atman. Wenn Patanjali über die »Kontrolle der Gedankenwellen« spricht, meint er damit nicht eine momentane oder oberflächliche Kontrolle.

Viele Leute glauben, daß die Praxis des Yoga darin bestehe, »im Kopf völlige Leere zu schaffen« – eine Bedingung, die, wäre sie wirklich wünschenswert, viel leichter erfüllt werden könnte, indem man einen Freund bittet, einem einen Hammer über den Schädel zu schlagen. Kein spiritueller Vorteil wird je durch Selbstgewalt erreicht. Wir versuchen nicht, die Gedankenwellen zu kontrollieren, indem wir die Organe zerschmettern, welche sie aufzeichnen. Wir müssen etwas viel Schwierigeres tun – die falsche Identifikation der Gedankenwellen mit dem Ego-Sinn »entlernen«. Dieser Prozeß des Entlernens schließt eine vollständige Transformation des Charakters mit ein, eine »Erneuerung des Geistes«, wie der heilige Paulus es ausdrückt.

Was meint die Yoga-Philosophie mit »Charakter«? Um dies zu erklären, kann man die Analogie des Sees entwickeln. Die Wellen stören nicht nur die Oberfläche des Wassers, sie bauen auch, durch ihre dauernde Tätigkeit, Sandbänke oder Kieselsteine am Grunde des Sees auf. Diese Sandbänke sind natürlich viel dauerhafter und fester als die Wellen selbst.

Sie können mit den Tendenzen, den Möglichkeiten und den latenten Zuständen verglichen werden, die in den unterbewußten und unbewußten Bereichen des Geistes bestehen. Im Sanskrit werden sie *Samskaras* genannt. Die Samskaras werden durch die kontinuierliche Tätigkeit der Gedankenwellen aufgebaut, und diese erschaffen ihrerseits neue Gedankenwellen – der Vorgang funktioniert in beide Richtungen. Setzt den Geist andauernden Gedanken von Wut und Groll aus, und sie werden merken, daß diese Wut-Wellen Wut-Samskaras aufbauen, welche sie anfällig machen, Gelegenheiten für Wut im tagtäglichen Leben zu finden. Ein Mensch mit gutentwickelten Wut-Samskaras wird als Mensch mit einem »schlechten Charakter« angesehen. Die Gesamtsumme unserer Samskaras ist in der Tat unser Charakter – in jedem gegebenen Moment. Wir sollten trotz alledem nicht vergessen, daß, genau wie eine Sandbank sich verschieben und ihre Form ändern kann, wenn die Flut oder die Strömung sich ändert, so auch die Samskaras durch das Einfügen anderer Gedankenwellen in den Geist modifiziert werden können.

Während wir bei diesem Thema sind, lohnt es sich, auf einen Interpretationsunterschied hinzuweisen, welcher zwischen Yoga und westlicher Wissenschaft besteht. Nicht alle Samskaras werden im Verlauf eines einzelnen menschlichen Lebens erworben. Ein Kind wird mit gewissen, schon in seiner Natur vorhandenen Tendenzen geboren.[5] Die westliche Wissenschaft ist geneigt, solche Tendenzen der Vererbung zuzu-

5 Anm. d. Ü.: Diese Tendenzen werden im Sanskrit auch als »Vasanas« bezeichnet.

schreiben. Die Yoga-Psychologie erklärt, daß sie in früheren Inkarnationen erworben werden, als Resultat von Gedanken und längst vergessenen Handlungen. Es ist für praktische Zwecke eigentlich nicht wichtig, welche dieser beiden Theorien man vorzieht. »Vererbung«, vom Yoga-Standpunkt aus, mag nur ein anderer Ausdruck dafür sein, daß die individuelle Seele durch existierende Samskaras getrieben wird, in einer bestimmten Familie eine Geburt zu suchen, von Eltern, deren Samskaras wie ihre eigenen sind, und somit die Tendenzen zu »erben«, welche sie schon besitzt. Der Yoga-Aspirant verschwendet keine Zeit damit, sich zu wundern, woher seine Samskaras kommen und wie lange er sie hatte; er nimmt die volle Verantwortung für sie an und macht sich daran, sie zu ändern.

Es gibt natürlich viele Arten von Gemütern, welche noch nicht für höhere Yoga-Praktiken bereit sind. Wenn sie ein schlaffes, vernachlässigtes Aussehen haben und versuchen, in einer Klasse für Ballettänzer mitzumachen, werden sie sich selbst wahrscheinlich sehr weh tun; sie müssen mit ein paar einfachen Übungen anfangen. Es gibt Geister, die man als »zerstreut« beschreiben könnte; sie sind unruhig, leidenschaftlich und unfähig zur Konzentration. Es gibt faule, träge Geister, unfähig zu konstruktivem Denken. Es gibt auch Geister, welche, obschon sie einen gewissen Grad an Energie besitzen, nur bei dem Angenehmen verbleiben können; sie weichen den unangenehmen Seiten des Lebens aus. Aber jeder Geist, egal, wie seine jetzige Natur ist, kann letzten Endes diszipliniert und verändert werden – kann, in Patanjalis Worten, »auf einen Punkt ausgerichtet« werden und geeignet sein, den Zustand des perfekten Yoga zu erreichen.

3. Dann wohnt der Mensch in seiner eigentlichen, wahren Natur.

Wenn der See des Geistes klar und ruhig wird, erkennt der Mensch sich selbst, wie er wirklich ist, immer war und immer sein wird. Er weiß, daß er der Atman ist. Seine »Persönlichkeit«, sein Irrglaube an sich selbst als ein separates, einzigartiges Individuum verschwindet.

»Patanjali« ist nur eine äußere Hülle, wie ein Mantel oder eine Maske, welche er annehmen oder zur Seite legen kann, wie er will.

Ein solcher Mensch wird als eine freie, erleuchtete Seele angesehen.

4. Zu anderen Zeiten, wenn er nicht im Zustande des Yoga ist, bleibt der Mensch mit den Gedankenwellen im Geist identifiziert.

5. Es gibt fünf Arten von Gedankenwellen – einige sind schmerzhaft, andere sind nicht schmerzhaft.

Eine »schmerzhafte« Welle, nach Patanjalis Gebrauch dieses Ausdrucks, ist nicht unbedingt eine Welle, die schmerzhaft *erscheint,* wenn sie zuerst im Geiste aufkommt; es ist eine Welle, die einen höheren Grad von Unwissenheit, Sucht und Bindung mit sich bringt. Ähnlich kann eine Welle, welche zuerst schmerzhaft erscheint, zur Kategorie derer gehören, die »nicht schmerzhaft« sind, vorausgesetzt, daß sie den Geist zu größerer Freiheit und größerem Wissen antreibt.

Zum Beispiel würde Patanjali eine lüsterne Gedankenwelle als »schmerzhaft« beschreiben, weil Begierde, sogar wenn sie angenehm befriedigt wird, Sucht, Eifersucht und Abhängigkeit in der verlangenden Person verursacht. Eine Welle des Mitleids dagegen würde als »nicht schmerzhaft« beschrieben, weil Mitleid eine selbstlose Gemütsbewegung ist, welche die Fesseln unseres eigenen Egoismus lockert. Wir können tief leiden, wenn wir andere leiden sehen, aber unser Mitleid wird uns Verständnis lehren und deshalb Freiheit.

Dieser Unterschied zwischen den zwei Arten von Gedankenwellen ist sehr wichtig, wenn wir zur eigentlichen Praxis der Yoga-Disziplin kommen, weil die Gedankenwellen nicht alle zusammen kontrolliert werden können. Zuerst müssen wir die »schmerzhaften« Gedankenwellen überwinden, indem wir »nicht-schmerzhafte« Wellen entwickeln. Unseren Gedanken von Wut, Wunsch und Verblendung müssen wir Gedanken der Liebe, der Großzügigkeit und der Wahrheit entgegensetzen. Erst viel später, wenn die »schmerzhaften« Gedankenwellen vollständig zum Schweigen gebracht worden sind, können wir zur zweiten Stufe der Disziplin fortschreiten: dem Beruhigen der »nicht-schmerzhaften« Wellen, die wir absichtlich erschaffen haben.

Die Idee, daß wir letzten Endes sogar solche Gedankenwellen überwinden müssen, welche »gut«, »rein« und »wahr« sind, mag für einen Studenten, der nach westlichen Moralvorstellungen erzogen wurde, zunächst schockierend sein. Aber ein bißchen Überlegung wird ihm zeigen, daß dies so sein muß. Die äußere Welt, sogar in ihren schönsten Erscheinungen und edelsten Manifestationen, ist immer noch oberflächlich und vergänglich. Es ist nicht die grundlegende Realität. Wir müssen durch sie hindurchschauen, nicht sie anschauen, um den Atman zu sehen. Sicherlich ist es besser, zu lieben denn zu hassen, besser, zu teilen als zu horten, besser, die Wahrheit zu sagen als zu lügen. Aber die Gedankenwellen, welche das Ausüben dieser Tugenden verursachen, sind dennoch Störungen im Geist. Wir alle kennen Beispiele von wunderbaren, ernsthaften Männern, die sich so tief in die Sorgen einer großen Reformbewegung oder eines sozialen Hilfswerkes verstrickt haben, daß sie an nichts anderes als an die praktischen Probleme ihrer täglichen Arbeit denken können. Ihr Geist ist nicht ruhig. Sie sind voller Angst und Unrast.

Der Geist eines wirklich erleuchteten Menschen ist ruhig – nicht, weil er aus Selbstsucht gleichgültig gegenüber den Bedürfnissen der anderen ist, sondern weil er den Frieden des Atman in allen Dingen sieht, sogar in den Erscheinungen von Elend, Krankheit, Kampf und Mangel.

6. Diese fünf Arten von Gedankenwellen sind: rechtes Wissen, falsches Wissen, verbale Täuschung, Schlaf und Erinnerung.

7. Die richtigen Arten des Wissens sind: direkte Wahrnehmung, Schlußfolgerung und schriftliches Zeugnis.

Alles, was unsere Sinne wahrnehmen, ist richtiges Wissen, vorausgesetzt, daß es kein Element der Täuschung gibt. Alles, was wir aus unserer direkten Wahrnehmung schlußfolgern, ist auch richtiges Wissen, vorausgesetzt daß unser Denken korrekt ist. Die Schriften sind auf dem überbewußten Wissen gegründet, welches von großen spirituellen Lehrern erlangt wurde, während sie im Zustande des perfekten Yoga waren. Deshalb sind auch sie richtiges Wissen. Sie stellen eine Art direkter Wahrnehmung dar, viel unmittelbarer als die Wahrnehmung der Sinne, und die Wahrheiten, die sie lehren, können von jedem überprüft werden, der diese überbewußte Sicht erreicht.

8. Falsches Wissen ist Wissen, das unkorrekt ist und nicht auf der wahren Natur seines Objektes beruht.

Das klassische Beispiel in der Yoga-Literatur ist das eines Seilstückes, welches irrtümlicherweise für eine Schlange gehalten wird. Falsches Wissen wird hier bewirken, daß wir das Seil fürchten und es meiden oder versuchen, es zu töten.

9. Verbale Täuschung entsteht, wenn Wörter nicht der Realität entsprechen.

Eine häufige Form verbaler Täuschung sind voreilige Schlußfolgerungen. Wir hören jemanden sprechen und sehen ihn ein voreiliges und ungenaues Bild von seiner Meinung entwerfen. In politischen Reden findet man oft eine *doppelte* verbale Täuschung: Der Sprecher glaubt, daß seine Worte einer Realität entsprechen, die Zuhörer verknüpfen sie mit einer anderen – aber beide sind falsch. Solche Ausdrücke wie »der Geist der Demokratie«, »die amerikanische Lebensart« und so weiter tragen jedes Jahr in den Zeitungen und im Radio eine reiche Ernte verbaler Täuschung.

10. Der Schlaf ist eine Gedankenwelle über das Nichts.

Das bedeutet, traumloser Schlaf ist keine Abwesenheit von Gedankenwellen im Geist, sondern eine positive Erfahrung über das Nichts. Er kann somit nicht mit dem wellenlosen Zustand des Yoga verwechselt werden.

Wenn es während des Schlafes keine Gedankenwellen gäbe, würden wir uns im Wachzustand nicht daran erinnern, daß wir nichts wußten.

Wie S. Radhakrishnan in seiner *Indischen Philosophie* bemerkt, bleibt ein Mister Soundso nach einem erholsamen Schlaf weiterhin Mister Soundso, da seine Erfahrungen sich mit dem System verbinden, das zu der Zeit existierte, als er schlafen ging. Sie verbinden sich mit seinen Gedanken und fliegen nicht zu denen von jemand anderem. Eine solche Kontinuität der Erfahrung erfordert, daß wir ein permanentes Selbst annehmen, welches allen Inhalten des Bewußtseins zugrunde liegt.

11. Erinnerung ist, wenn wahrgenommene Objekte nicht vergessen werden, sondern ins Gedächtnis zurückkehren.

Erinnerung ist eine Art untergeordneter Gedankenwelle. Eine Welle direkter Wahrnehmung bedingt eine kleinere Welle oder eine Reihe kleinerer Wellen. Die Gedankenwelle des Schlafes verursacht auch kleinere Wellen, die wir Träume nennen. Träumen heißt, sich im Schlaf erinnern.

12. Sie werden mit Hilfe von Praxis und Nicht-Haftung kontrolliert.

13. Praxis ist die wiederholte Bemühung, den Disziplinen zu folgen, welche dauernde Kontrolle über die Gedankenwellen des Geistes ermöglichen.

14. Die Praxis wird fest verankert, wenn sie über lange Zeit ausgeübt wurde, ununterbrochen, mit aufrichtiger Hingabe.

15. Nicht-Haftung ist Selbstbeherrschung; sie ist Freiheit von der Begierde nach dem, was man sieht oder hört.

Die Wellen des Geistes kann man dazu bringen, in zwei entgegengesetzte Richtungen zu fließen – entweder zur objektiven Welt (»der Wille zu begehren«) oder zur wahren Selbsterkenntnis (»der Wille zur Befreiung«).

Deshalb sind beide, Praxis und Nicht-Haftung, notwendig. Tatsächlich ist es wertlos und sogar gefährlich, das eine ohne das andere zu versuchen. Wenn wir versuchen, spirituelle Disziplinen zu üben, ohne zu versuchen, die Gedankenwellen des Begehrens zu beherrschen, wird unser Geist heftig aufgewühlt und vielleicht auf Dauer unausgeglichen sein. Wenn wir nichts anderes als eine starre, negative Kontrolle über die Wellen des Begehrens versuchen, ohne Wellen der Liebe, des Erbarmens und der Hingabe, um ihnen entgegenzuwirken, dann kann das Resultat sogar noch tragischer sein. Das ist der Grund, weshalb manche strikten Puritaner plötzlich und unverständlicherweise Selbstmord begehen. Sie unternehmen eine herzlose, harte Anstrengung, um »gut« zu sein – das heißt, keine »schlechten« Gedanken zu denken –, und wenn sie versagen, so wie es allen menschlichen Wesen manchmal ergeht, können sie diese Erniedrigung nicht hinnehmen, die in Wirklichkeit nur verletzter Stolz und innere Leere ist.

In den taoistischen Schriften lesen wir: »Der Himmel wappnet jene mit Erbarmen, die er nicht zerstört sehen möchte.«

Die spirituellen Disziplinen, die wir praktizieren werden, werden an späterer Stelle beschrieben. Sie sind bekannt als die acht »Glieder« des Yoga. Ausdauer ist in diesem Zusammenhang sehr wichtig. Kein vorübergehendes Versagen, wie schändlich oder erniedrigend auch immer, sollte je als Entschuldigung herhalten müssen, um den Kampf aufzugeben.

Wenn wir das Skilaufen lernen, schämen wir uns nicht, wenn wir zu Boden fallen oder uns in einer lächerlich verhedderten Lage wiederfinden. Wir raffen uns auf und starten erneut. Macht euch nichts daraus, wenn die Leute lachen oder euch höhnisch angrinsen. Außer wenn wir Heuchler sind, sollten wir uns nicht drum kümmern, welchen Eindruck wir auf die Zuschauer machen. Kein Versagen ist je wirklich ein Versagen, es sei denn, wir geben den Versuch ganz auf – es ist möglicherweise tatsächlich ein Segen in Verkleidung, eine dringend benötigte Lehre.

Nicht-Haftung ist die Übung der Unterscheidung. Wir gewinnen nach und nach Kontrolle über die »schmerzhaften« oder unreinen Gedankenwellen, indem wir uns fragen: »Weshalb begehre ich dieses Objekt wirklich? Welchen dauernden Vorteil habe ich davon, wenn ich es besitze? In welcher

Weise würde dessen Besitz mir zu größerem Wissen und größerer Freiheit verhelfen?« Die Antworten auf diese Fragen sind immer beunruhigend. Sie zeigen uns, daß das begehrte Objekt als Mittel zur Befreiung nicht nur nutzlos ist, sondern als ein Mittel zur Unwissenheit und Bindung möglicherweise sogar schädlich ist; und daß überdies unser Wunsch überhaupt kein Wunsch nach dem Objekt an sich ist, sondern nur der Wunsch, etwas zu wünschen, eine reine Unruhe im Gemüt. Es ist ziemlich leicht, sich all dies in einem ruhigen Moment klarzumachen. Aber unsere Nicht-Haftung wird einer Prüfung unterzogen, wenn das Gemüt plötzlich von einer riesigen Welle von Wut oder Lust oder Habgier hinweggespült wird. Dann können wir uns nur durch eine entschlossene Willensanstrengung daran erinnern, was unser Verstand schon weiß – daß nämlich diese Welle und das Sinnesobjekt, welches sie ausgelöst hat, sowie der Ego-Sinn, welcher die Erfahrung mit sich selbst gleichsetzt, daß alle zusammen in gleichem Maße vergänglich und oberflächlich sind – daß sie nicht die zugrundeliegende Realität sind.

Nicht-Haftung mag sich langsam entwickeln. Aber sogar ihre frühesten Stufen werden mit einem neuen Gefühl von Freiheit und Friede belohnt. Man sollte es nie als eine Askese ansehen, eine Art Selbst-Tortur, etwas Grimmiges und Schmerzhaftes.

Die Ausübung der Nicht-Haftung verleiht sogar den gewöhnlichsten Ereignissen des langweiligsten Tages Wert und Bedeutung. Sie vertreibt die Langeweile aus unserem Leben. Und indem wir fortschreiten und wachsende Selbstbeherrschung erlangen, werden wir sehen, daß wir auf nichts verzichten, was wir wirklich benötigen oder haben wollen, wir befreien uns nur von eingebildeten Bedürfnissen und Wünschen. In diesem Geist wächst eine Seele in Erhabenheit, bis sie die schlimmsten Katastrophen des Lebens akzeptieren kann, ruhig und unbewegt. Christus sagt: »Mein Joch ist einfach, und meine Last ist leicht«, und er meinte damit, daß das gewöhnliche Leben der Sinnesbindung ohne Unterscheidung in Wirklichkeit viel schmerzhafter, viel schwerer zu ertragen ist als die Disziplinen, die uns frei machen.

Wir finden diesen Ausspruch schwer verständlich, weil wir daran gewöhnt sind, das Erdenleben Christi tragisch zu deuten – eine glorreiche, inspirierende Tragödie, sicherlich – aber nichtsdestoweniger an einem Kreuze endend. Wir sollten uns lieber fragen: »Was wäre einfacher – an diesem Kreuze zu hängen mit der Erleuchtung und der Nicht-Haftung eines Christus, oder dort in der Unwissenheit und Qual und Bindung eines armen Diebes zu leiden?« Und das Kreuz kann ohnehin zu uns kommen, ob wir nun bereit und fähig sind, es zu akzeptieren, oder nicht.

16. Wenn man aufhört, durch Kenntnis des Atman, irgendeine Manifestation der Natur zu begehren, so ist dies die höchste Form der Nicht-Haftung.

Nicht-Haftung ist *nicht* Gleichgültigkeit – dies kann nicht oft genug wiederholt werden. Viele Menschen lehnen die Ziele der Yoga-Philosophie als »unmenschlich« und »selbstsüchtig« ab, weil sie sich Yoga als ein kaltes, bewußtes Ausweichen von jedem und allem vorstellen, um seine eigene Erlösung auszuarbeiten. In Wahrheit ist genau das Gegenteil der Fall. Menschliche Liebe ist das höchste Gefühl, das die meisten von uns kennen. Es befreit uns bis zu einem gewissen Grade von unserem Egoismus in der Beziehung zu einem oder mehreren Individuen. Menschliche Liebe aber ist immer noch possessiv und ausschließend. Liebe zum Atman ist weder das eine noch das andere.

Zugegebenermaßen ist es besser, Menschen zu lieben »für das, was sie wirklich sind«, als wegen ihrer Schönheit, ihrer Intelligenz, ihrer Stärke, ihrem Sinn für Humor oder einer anderen Qualität – aber das ist nur eine vage und relative Phrase. Was der Mensch »wirklich ist«, ist nichts geringeres als der Atman. Den Atman in uns selbst zu lieben heißt, ihn überall zu lieben.

Und den Atman überall zu lieben heißt, jenseits jeder Manifestation der Natur zur Realität innerhalb der Natur zu gelangen. Eine solche Liebe ist zu unermeßlich, um von schlichten Gemütern verstanden zu werden, und doch ist es einfach eine unendliche Vertiefung und Ausdehnung der kleinen, begrenzten Liebe, die wir alle erfahren. Jemanden zu lieben, sogar in der gewohnten menschlichen Weise, gibt einen kurzen, schwachen Einblick auf etwas in dieser Person, was gewaltig, ehrfurchtgebietend und ewig ist.

In unserer Unwissenheit meinen wir, daß dieses »Etwas« einzigartig sei. Er oder sie ist, so sagen wir, wie niemand sonst. Das kommt daher, daß unsere Wahrnehmung der Realität durch die äußere Erscheinung – den Charakter und die individuellen Qualitäten der Person, die wir lieben – verschleiert und getrübt ist und durch die Art und Weise, wie unser eigener Ego-Sinn auf sie reagiert. Trotz alledem ist dieser kurze Erkenntnisblitz eine gültige spirituelle Erfahrung, und er sollte uns ermutigen, unseren Geist zu reinigen und ihn bereit zu machen für jene unendlich größere Liebe, welche uns stets erwartet. Diese Liebe ist nicht unruhig oder vergänglich wie unsere menschliche Liebe. Sie ist sicher und ewig und ruhig. Sie ist völlig frei von Begierde, da Liebender und Geliebte eins wurden.

Nehmt folgendes aus der Bhagavad-Gita zur Kenntnis:

Wasser fließt dauernd in den Ozean
Aber der Ozean ist nie gestört.
Wünsche fließen in den Geist des Sehers
Aber er ist nie gestört.
Der Seher kennt den Frieden ...
Derjenige kennt Frieden, der den Wunsch vergessen hat.
Er lebt ohne Begierde:
Frei vom Ego, frei von Stolz.

17. Die Konzentration[6] auf ein einziges Objekt kann vier Stufen erreichen: Untersuchung, Unterscheidung, freudige Ruhe und einfaches Bewußtsein von Individualität.

Um diesen und den folgenden Aphorismus zu verstehen, müssen wir nun die Struktur des Universums studieren, wie sie in der *Vedanta* – Philosophie vorgestellt wird. (Vedanta ist die Philosophie, die auf den Veden, den frühesten Hindu-Schriften, beruht). Zuerst wollen wir die grundlegende Realität berücksichtigen. Die Realität, als das innerste Selbst jeder einzelnen Kreatur oder jedes einzelnen Objektes, wird der Atman genannt – wie wir schon gesehen haben. Wenn man von der Realität in ihrem universellen Aspekt spricht, wird sie *Brahman* genannt. Dies mag für westliche Studenten zunächst verwirrend klingen, aber das Konzept sollte ihnen nicht fremd sein. Die christliche Terminologie gebraucht zwei Ausdrücke – Gott immanent und Gott transzendent –, die eine ähnliche Unterscheidung machen. Immer und immer wieder finden wir in der hinduistischen und der christlichen Literatur dieses große Paradox neu formuliert – daß Gott sowohl innen wie außen ist, augenblicklich präsent und unendlich anderswo, der Bewohner des Atoms und der Wohnort aller Dinge. Aber dies ist dieselbe Realität, dieselbe Gottheit, in ihren beiden Relationen zum Kosmos gesehen. Diese Relationen werden durch zwei verschiedene Wörter beschrieben, einfach um uns zu helfen, über sie nachzudenken. Sie beinhalten keinerlei Dualität. Atman und Brahman sind eins.

Was ist dieser Kosmos? Woraus besteht er? Vedanta lehrt,

6 Anm. d.Ü.: »Konzentration« ist ein Begriff, der im allgemeinen die Aufmerksamkeit mit nach außen gerichteter Anstrengung und Anspannung bezeichnet. In dieser Übersetzung haben wir das Wort »Konzentration« beibehalten, *aber im Sinne* einer geistigen, nach innen gewandten, intensiven Aufmerksamkeit. Man kann auch den Begriff »Sammlung« benutzen, was dem Prozeß der Meditation, der Versenkung und der inneren Einkehr entspricht.

daß der Kosmos aus *Prakriti* besteht, dem elementaren, undifferenzierten Stoff aus Geist und Materie. Prakriti wird als die Kraft oder die Wirkung von Brahman definiert – in dem Sinne, wie Hitze die Kraft oder die Wirkung des Feuers ist. Genauso wie Hitze nicht ohne das Feuer existieren kann, das sie verursacht, so kann Prakriti nicht ohne Brahman existieren. Die beiden sind auf ewig untrennbar. Der letztere (Brahman) bringt die erstere hervor und verursacht sie. Patanjali unterscheidet sich in diesem Punkt vom Vedanta, indem er glaubt, daß der Purusha (oder Atman) und Prakriti zwei verschiedene Wesenheiten seien, beide gleich wirklich und ewig. Da Patanjali indes auch glaubte, daß der individuelle Purusha vollständig befreit und von Prakriti isoliert werden könne, war er tatsächlich in vollständiger Übereinstimmung mit Vedanta, was den Zweck und das Ziel des spirituellen Lebens anbelangt.

Weshalb verursacht Brahman Prakriti? Dies ist eine Frage, die möglicherweise nicht in den Worten irgendeiner vom Menschen erdachten Philosophie beantwortet werden kann. Der menschliche Intellekt ist nämlich selbst innerhalb Prakriti und kann deswegen ihre Natur nicht verstehen.

Ein großer Seher mag die Natur der Verbindung von Brahman und Prakriti erfahren, während er im Zustande des perfekten Yoga ist, aber er kann uns sein Wissen nicht in Begriffen der Logik und der Sprache mitteilen, weil, von einem absoluten Standpunkt gesehen, Prakriti nicht existiert.

Es ist nicht die Realität – und doch ist es nicht anders als die Realität. Es ist die Realität, wie sie unseren menschlichen Sinnen erscheint – die Realität, verzerrt, begrenzt, mißdeutet. Wir können, als eine Arbeitshypothese, des Sehers Zusicherung annehmen, daß es so ist, aber unser Intellekt taumelt davon, verwirrt von dem ungeheuerlichen Mysterium.

Da uns die überbewußte Erfahrung fehlt, müssen wir uns mit der Bildersprache zufrieden geben. Wir kommen dankbar zu Shelleys berühmten Zeilen zurück:

Das Leben, wie eine Kuppel aus vielfarbigem Glas,
färbt den weißen, strahlenden Glanz der Ewigkeit.

Philosophisch gesehen mögen sie ziemlich verschwommen sein – es ist nicht klar, was Shelley mit »Leben« meint –, aber sie geben uns ein nützliches und schönes Bild: Wenn wir Brahman als »den weißen, strahlenden Glanz« denken, dann ist Prakriti dargestellt durch die Farben, welche die wahre Natur seiner Strahlen verstecken.

Prakriti ist, wie gesagt, der elementare, undifferenzierte Stoff aus Geist und Materie. In welcher Verbindung steht sie zu den hochdifferenzierten Phänomenen dieses sichtbaren Universums? Um diese Frage zu beantworten, müssen wir den ganzen Weg einer Schöpfung vom Anfang an nachgehen. Wir sagen absichtlich »einer Schöpfung«, da die indische Philosophie Schöpfung und Auflösung als einen sich endlos wiederholenden Prozeß ansieht. Wenn, von Zeit zu Zeit, das Universum sich auflöst – oder scheinbar auflöst –, sagt man, daß es in die undifferenzierte Prakriti zurückkehre und dort für einen bestimmten Zeitraum in einer potentiellen »Samenform« bleibe. Was ist dann der Mechanismus seiner Wieder-Erschaffung? Prakriti wird als aus drei Kräften zusammengesetzt angesehen: *Sattva, Rajas* und *Tamas,* welche zusammen als die drei *Gunas* bekannt sind. Diese Gunas – deren individuelle Charakteristiken wir gleich beschreiben werden – erleben Phasen des Gleichgewichts und Phasen von Unausgeglichenheit; die Natur ihrer Beziehung untereinander ist dauerndem Wandel unterworfen. Solange die Gunas im Gleichgewicht sind, bleibt Prakriti undifferenziert, und das Universum existiert nur in seinem potentiellen Zustand. Sobald das Gleichgewicht gestört ist, beginnt eine Neu-Schöpfung des Universums. Die Gunas variieren zahlreiche Kombinationen – alle unregelmäßig, mit der einen oder anderen Guna, die über die restlichen dominiert.

So erhalten wir eine Vielzahl von physischen und psychischen Erscheinungen, die unsere sichtbare Welt ausmachen. Solch eine Welt fährt fort, sich zu vervielfältigen, und verändert seine Form, bis die Gunas wieder ein zeitweiliges Gleichgewicht finden, und eine neue Phase der undifferenzierten Möglichkeit beginnt. (Ein wissenschaftlich orientierter Student sollte die Vedanta-Kosmologie mit den neuesten Theorien der Atomphysik vergleichen. Er wird viele Ähnlichkeiten zwischen den beiden Systemen feststellen.)[7]

Die Gunas werden manchmal als »Energien«, manchmal als »Qualitäten« bezeichnet; aber kein einziges englisches (deutsches) Wort kann ihre gesamte Natur und Wirkungsweise definieren. Kollektiv gesehen können sie als Kräfte-Dreieck gedacht werden, gegensätzlich und doch sich ergänzend.

Im Prozeß der Entwicklung ist Sattva die Essenz der Form, die realisiert werden soll, Tamas ist das inhärente Hindernis der Realisation, und Rajas ist die Kraft, durch die dieses Hindernis entfernt und die wesentliche Form manifestiert wird. Der besseren Illustration wegen laßt uns besser ein menschliches denn ein kosmisches Beispiel nehmen.

Ein Bildhauer beschließt, die Statue eines Pferdes anzufertigen. Die Idee dieses Pferdes – seine Form, die er in seiner Vorstellung sieht – wird durch Sattva inspiriert. Jetzt nimmt er einen Klumpen Lehm. Dieser Lehm stellt die Kraft von Tamas dar – seine Unförmigkeit ist ein Hindernis, das beseitigt werden muß. Vielleicht ist auch ein Tamas-Element im Geist des Bildhauers. Er mag denken: »Dies wird viele Probleme geben. Es ist zu schwierig. Ich bin müde. Weshalb soll ich die Anstrengung auf mich nehmen?«

Aber hier kommt ihm die Kraft von Rajas zu Hilfe. Rajas repräsentiert in diesem Kontext den Willen des Bildhauers, seine Lethargie und die Schwierigkeiten seines Mediums zu besiegen; es stellt auch die muskuläre Strapaze dar, welche er aufbringt, um die Arbeit zu vollenden.

7 Anm. d. Ü.: Vgl. die Forschungen von John Hagelin Ph. D., Physikprofessor an der Maharishi International University: *Ist Bewußtsein das Einheitsfeld?* Volume 7, Tape 2. Die Forschung der Quantenphysik ist in den letzten 20 Jahren enorm fortgeschritten. Es zeugt von Swami Prabhavanandas Weitsicht, daß er diese Entwicklung miteinbezogen hat.

Wenn eine genügende Menge Rajas erzeugt wird, wird das Hindernis von Tamas überwunden, und die ideale Form von Sattva wird in einem greifbaren Tonobjekt verkörpert werden. Durch dieses Beispiel sollte klar werden, daß alle drei Gunas für einen Schöpfungsakt nötig sind.

Sattva allein würde nur eine unrealisierte Idee sein, Rajas ohne Sattva wäre einfach nur ungelenkte Energie, Rajas ohne Tamas wäre wie ein Hebel ohne Ansatzpunkt.

Wenn wir versuchen, die Gunas individuell zu beschreiben, können wir sagen, daß Sattva alles darstellt, was rein, ideal und ruhig ist, derweil Rajas sich selbst in Handlung, Bewegung und Gewalt ausdrückt und Tamas das Prinzip der Festigkeit, des unbeweglichen Widerstandes und der Trägheit ist.

Wie bereits gesagt wurde, sind alle drei Gunas in allem präsent, aber eine Guna dominiert immer. Sattva zum Beispiel dominiert im Sonnenlicht, Rajas in der Eruption eines Vulkans und Tamas in einem Granitblock.

Im Geist des Menschen befinden sich die Gunas generell in einem Verhältnis extremer Instabilität – daher die vielen Stimmungen, welche wir innerhalb eines einzigen Tages erleben. Sattva bedingt unsere Momente der Inspiration, der selbstlosen Liebe, der ruhigen Freude und der meditativen Stille. Rajas bringt unsere Ausbrüche von Wut und wilder Begierde hervor. Es macht uns unruhig und unzufrieden, ist aber auch verantwortlich für unsere besseren Phasen konstruktiver Aktivität, Energie, Begeisterung und physischen Mutes. Tamas ist der mentale Sumpf, in welchem wir versinken, wann immer Sattva und Rajas aufhören vorzuherrschen. Im Zustand von Tamas zeigen wir unsere schlimmsten Eigenschaften – Faulheit, Dummheit, Eigensinn und hilflose Verzweiflung.

Mehrere Kapitel der Bhagavad-Gita sind den Gunas und ihren Manifestationen gewidmet. Der spirituelle Anwärter wird angewiesen, sie durch eine Übung der Unterscheidung zu transzendieren. Wir haben diese Übung schon bei der Diskussion derjenigen Aphorismen des Patanjali beschrieben, welche die Gedankenwellen betreffen – weil die Gedankenwellen natürlich Projektionen der Guna-Kräfte sind. Wie sagt die Gita: »Ein Mensch hat die Gunas überschritten, wenn er das Licht von Sattva oder die Aktivität von Rajas, oder sogar die Täuschung von Tamas nicht mehr haßt, während diese vorherrschen; und doch nicht nach ihnen verlangt, wenn sie aufgehört haben. Er ist wie einer, der unbeteiligt ist und nicht durch die Gunas gestört wird.

Er weiß, daß sie die Täter aller Handlungen sind, und er verliert nie die Kraft der Unterscheidung. Er ruht in der inneren Stille des Atman und sieht Glück und Leid als eines an.«

Wir haben gesehen, daß die Interaktion der Gunas die motivierende Kraft für den kreativen Prozeß liefert. Jetzt können wir seine Stadien in Betracht ziehen. Im hinduistischen System wird die erste Stufe der Entwicklung der undifferenzierten Prakriti *Mahat,* »die große Ursache«, genannt.

Mahat ist der kosmische Ego-Sinn, das erste Erwachen des differenzierten Bewußtseins. Er kann vielleicht mit dem Geiste, der über den Wassern schwebt, verglichen werden, welcher in der Genesis erwähnt wird.

Von Mahat hat sich Buddhi, die Unterscheidungsfähigkeit, entwickelt, die schon beschrieben wurde. Von Buddhi hat sich Ahamkar, der individuelle Ego-Sinn, entwickelt. Von Ahamkar aus verästeln sich die Linien der Entwicklung in drei verschiedene Richtungen – um die Manas, die Aufnahmefähigkeit, hervorzubringen; die fünf Kräfte der Wahrnehmung (Sehen, Riechen, Hören, Schmecken und Fühlen); die fünf Organe der Handlung (Zunge, Füße, Hände, die Organe der Ausscheidung und der Fortpflanzung); und die fünf *Tanmatras,* welche die subtilen inneren Substanzen des Tones, des Gefühls, der Sicht, des Geschmacks und des Geruchs sind.

Indem diese subtilen Tanmatras sich verbinden und wieder verbinden, bringen sie, so sagt man, die fünf groben Elemente hervor – Erde, Wasser, Feuer, Luft und Äther –, aus denen das äußere Universum zusammengesetzt ist.

Die Schöpfung wird hier – um dies alles kurz zusammenzufassen – beschrieben als eine Entwicklung nach außen, vom undifferenzierten zum differenzierten Bewußtsein, vom Geist zur Materie. Reines Bewußtsein ist so stufenweise von aufeinanderfolgenden Schichten der Unwissenheit und der Unterscheidung bedeckt, indem jede Schicht größer und dikker ist als die darunter, bis der Vorgang in der äußeren physikalischen Oberfläche der sichtbaren und faßbaren Welt endet.

Es ist nötig, diese Idee der Evolution klar im Geiste zu behalten, wenn wir Patanjalis Technik der Meditation verstehen wollen. Meditation ist nämlich rückwärtsgewandte Entwicklung. Meditation ist ein Prozeß der Rückentwicklung.

An der Oberfläche des Lebens beginnend, geht der meditative Geist nach innen, immer die Ursache hinter der Erscheinung suchend, und dann die Ursache hinter der Ursache, bis die innerste Realität erreicht ist.[8]

Jetzt wollen wir Patanjalis vier Stufen der »Konzentration auf ein einzelnes Objekt« betrachten. Diese Art der Konzentration kontrastiert mit der anderen, höheren Art der Konzentration, welche im nächsten Aphorismus beschrieben wird – die Konzentration, die tiefer als alle Objekte geht und sich selbst mit dem reinen, undifferenzierten Bewußtsein vereint.

Konzentration auf ein einzelnes Objekt ist, trotz allem, eine nötige Vorstufe. Wenn sie intensiv praktiziert wird, kann sie den Geist sehr weit, bis zu den äußersten Grenzen der undifferenzierten Materie, führen.

Die Wörter, die man benutzt, um die vier Stufen dieser Konzentration zu beschreiben, sind nicht einfach zu übersetzen, und unsere englischen (deutschen) Entsprechungen sind kaum befriedigend. Die Stufe der »Untersuchung« wird als erreicht betrachtet, wenn der Geist perfekt auf eines der groben Elemente konzentriert ist. Dieser folgt das Stadium der

8 Anm. d. Ü.: Genaugenommen geht die Entwicklung des Bewußtseins nicht zurück. Hier wird nur der Vorgang der Meditation beschrieben. Der Geist erreicht immer feinere Schichten des Denkens, bis er schließlich den gedankenlosen Zustand, die Quelle des Denkens, erreicht, das transzendentale Bewußtsein oder den Atman.

»Unterscheidung«, wenn der Geist die äußere materielle Schicht durchbricht und sich an die Tanmatras heftet, die subtile innere Essenz. Danach kommt die Stufe »freudiger Ruhe«, wenn wir uns auf die inneren Kräfte der Wahrnehmung oder auf den Geist selbst konzentrieren. Schlußendlich kommt die Stufe der »einfachen Wahrnehmung der Individualität«, wenn wir uns auf den Ego-Sinn in seiner einfachsten, elementarsten Form konzentrieren – unberührt von irgendeiner Angst oder Begierde –, nur wissend, daß »ich« anders bin als »dies« oder »das«.

Solch eine Konzentration ist sicher schon schwierig genug – es kann ein Leben lang dauern, bis man sie erreicht –, aber sie ist immer noch innerhalb von Prakriti. Deshalb birgt sie Versuchungen und Gefahren. Die innere Natur eines Objektes zu kennen heißt, Macht über jenes Objekt zu erlangen. So wie der Aspirant in der Konzentration wächst, so kann er plötzlich bemerken, daß er im Besitz psychischer Kräfte ist – möglicherweise ist er fähig, Kranke zu heilen, die Gedanken der Menschen zu lesen, die Zukunft vorauszusagen oder verschiedene Naturkräfte zu kontrollieren. Der Besitz solcher Kräfte bedeutet eine ungeheure Versuchung, sie zum Zweck persönlicher Habgier oder aus Ehrgeiz zu mißbrauchen. Und leider ist es wahr, daß viele Menschen, die im »Okkulten« herumplanschen, dieser Versuchung erliegen. Zum Glück für die Menschheit fehlt diesen unverantwortlichen Experimentierern die nötige Entschlossenheit, so daß sie nicht viel erreichen.

Wichtig ist die Reinheit der Motivation. Kokain ist in den Händen eines verantwortungsvollen Arztes ein wohltuender Schmerztöter; in den Händen eines Süchtigen ist es ein tödlicher Zerstörer der mentalen und physischen Gesundheit. Okkulte Kräfte werden von einem Heiligen mit Unterscheidung und Nicht-Haftung gebraucht; er sieht sie nie als Selbstzweck an oder gebraucht sie, um seine persönlichen Wünsche zu erfüllen.

Christus, der den Diener eines seiner Feinde im Garten Gethsemane heilte, lehnte es gleichzeitig ab, sein eigenes Leben dadurch zu schützen, daß er Gott bat, »mehr als zwölf Legionen Engel« zu senden. Aber eine unreine und unverbesserliche Person, die solche Kräfte erlangt, kann sie nicht richtig benutzen, und früher oder später werden sie ihren eigenen Untergang verursachen. Die Märchen aller Nationen sind voll von symbolischen Warnungen vor dem leichtfertigen Umgang mit dem Übernatürlichen. Ein paar Wünsche werden erfüllt, aber dann wendet der Dämon, der Geist oder der Zauberer sich gegen den Meister und nimmt ihm Besitz, Körper und Seele.

Aus dem gleichen Grunde kann der wahre spirituelle Sucher nicht von irgendeiner okkulten Kraft, die er zufällig erhält, geschädigt werden, da er sie nur als ein Nebenprodukt der Erleuchtung ansieht, welche er sucht.

Was Patanjali anbelangt, so ist seine Haltung streng wissenschaftlich. Er beschreibt verschiedene Techniken der Meditation und ihre möglichen Resultate. Deshalb muß er, zur rechten Zeit, über die okkulten Kräfte sprechen, genauso wie ein medizinischer Schriftsteller über alle Arten von Drogen informieren muß, sogar über solche, die gefährlich sind. Aber er warnt uns gleichzeitig, daß, wenn wir von diesen okkulten Kräften angezogen werden, wir das höchste Ziel verfehlen. Wenn wir daher seine Warnung nicht beachten, können wir nur uns selbst die Schuld geben.

18. Die andere Art der Konzentration ist diejenige, bei der das Bewußtsein kein Objekt enthält – nur unterbewußte Eindrücke, die wie verbrannte Samen sind. Man erreicht dies durch ständige Kontrolle der Gedankenwellen mittels der Praxis der Nicht-Haftung.

Wenn der spirituelle Aspirant den höchsten Grad der Konzentration auf ein einzelnes Objekt erreicht hat, ist er bereit, das höchste Meisterstück zu versuchen – die Konzentration auf das Bewußtsein selbst. Dies ist der Zustand des perfekten

Yoga, in welchem man über Prakriti hinausgeht, jenseits allen objektiven Wissens, in die Vereinigung mit dem Atman – das undifferenzierte universelle Bewußtsein. Man kann nur in den Zustand des perfekten Yoga eingehen, wenn die Gedankenwellen zur Ruhe gekommen sind und das Gemüt von all seinen Samskaras, sowohl den schlechten wie den guten, gereinigt worden ist – wenn Patanjali aufgehört hat zu glauben, daß er Patanjali sei, und weiß, daß er kein anderer als der Atman ist.

Die Yoga-Philosophie lehrt uns, daß es die Samskaras sind, die uns von Geburt zu Geburt treiben – genauso wie eine tiefverwurzelte Sucht einen Menschen antreibt, eine Droge zu nehmen, immer und immer wieder, trotz seiner bewußten Abneigung und der Anstrengungen seines moralischen Willens. Wir können behaupten und es selber ehrlich glauben, daß wir der Welt mit ihren in Wechselbeziehung stehenden Vergnügungen und Schmerzen überdrüssig sind – »den süßen und bitteren Früchten des Baumes« –, aber tatsächlich sind wir es nicht, solange die unterbewußten Tendenzen übrig bleiben. Unser Wunsch, zurückzukehren und uns noch einmal in die Sinneserfahrung zu stürzen, ist viel tiefer, als wir glauben. Daneben zählen unsere physischen und spirituellen »Durchhänger«, unsere momentanen Launen des Ekels und der Reue überhaupt nicht. Shakespeare hat diesen wiederkehrenden Prozeß von Anziehung und Abstoßung in einem seiner besten Sonette beschrieben:

> Gerade genossen, aber sogleich verachtet;
> die Vergangenheit von der Vernunft gejagt; und lieber
> nicht gehabt,
> die Vergangenheit von der Vernunft gehaßt, wie ein
> abgeschluckter Köder
> absichtlich ausgelegt, um den Nehmer verrückt zu
> machen ...

Hieraus folgt deshalb, daß, wenn die Samskaras ausgerottet und zerstört worden sind – wie es der Fall sein muß, ehe der

Zustand des perfekten Yoga erreicht wird –, keine weitere Notwendigkeit zur Wiedergeburt besteht.[9]

Wer Yoga erlangt, wird als »befreit« angesehen. Wenn sein jetziges Leben endet, wird er für immer mit dem Atman vereint sein. Dennoch bedeutet die Verwirklichung des perfekten Yoga nicht das unmittelbare Ende des sterblichen Lebens. Es gibt Heilige, welche die höchste spirituelle Erfahrung erlangt und noch viele Jahre weitergelebt haben.

Sie haben weiterhin gedacht, gesprochen und auf der Ebene der äußeren Erscheinungen gehandelt – aber mit einem Unterschied. Die Gedanken, Worte und Handlungen eines befreiten Menschen werden als »verbrannte Samen« bezeichnet – das heißt, sie sind nicht mehr fruchtbar; sie können keine weiteren Samskaras mehr hervorbringen, sie können keine weitere neue Sucht oder Bindung erschaffen. Im Sanskrit wird ein mentaler oder physischer Akt ein *Karma* genannt.

Karma ist auch das Wort zur Beschreibung der Konsequenzen dieser Handlung und daher auch zur Beschreibung dessen, was wir unser »Schicksal« nennen – da unser Schicksal nichts als die Summe der Resultate unserer vergangenen Handlungen in diesem und den vorherigen Leben ist. Nachdem ein Mensch Befreiung im Yoga erreicht hat, hören seine Handlungen auf, Karma zu produzieren. Der Rest seines irdischen Lebens wird nur durch die Karmas regiert, die schon vor seiner Befreiung existiert haben. Er ist wie ein Schauspieler in der letzten Vorstellung eines Theaterstücks. Er weiß, daß das Stück nie wieder gespielt werden wird, egal, wie gut er seine Rolle spielt, egal, ob die Zuschauer buhen oder klatschen. Er hat durch die Aufführung

9 Anm. d. Ü.: Es sei hier darauf verwiesen, daß die vollständige Ausrottung der Samskaras (Vasanas) grundsätzlich ohne einen erleuchteten Meister (Guru) nicht möglich ist. Besonders die feinen Vasanas, die sich zentral um das Ego des Schülers gebildet haben, können ohne vollständige Hingebung und dauernde spirituelle Überwachung aus eigener Kraft im allerseltensten Falle aufgelöst werden. Hierin liegt auch der Sinn und Zweck eines Ashrams und der weltlichen Entsagung.

nichts zu gewinnen oder zu verlieren. Trotz allem muß er es bis zu Ende durchspielen, bis der Schlußvorhang fällt und er nach Hause gehen kann. Shankara sagt, wenn er über die Handlungen eines Menschen spricht, der Befreiung erlangt hat: »Solche Handlungen werden vollzogen wie aus der Erinnerung heraus. Sie sind wie die erinnerten Handlungen eines Traumes.«

19. Wenn diese Konzentration nicht von Nicht-Haftung begleitet ist und deshalb Unwissenheit übrig bleibt, wird der Aspirant den Zustand der unverkörperten Götter erreichen oder mit den Naturgewalten verschmelzen.

Konzentration ohne Nicht-Haftung kann keine Befreiung bringen. Wie sehr wir auch streben, wir können nur in Übereinstimmung mit unseren Wünschen belohnt werden.

Wenn wir wirklich Befreiung wollen und hart genug daran arbeiten, werden wir sie bekommen. Aber wenn wir wirklich Macht und Vergnügen wollen, können wir sie statt dessen bekommen – nicht nur in dieser Welt und in dieser menschlichen Form, sondern auch danach in anderen Welten und anderen Formen. Konzentration auf irgendein grobes Element oder die Sinnesorgane wird uns, so heißt es, zum Zustand der unverkörperten Götter führen; Konzentration auf den Geist oder das Ego wird uns mit den Kräften der Natur vereinen und zu Herrschern von Teilen des Universums machen. Wenn ein Hindu von »Himmel« und »Hölle« spricht, gebraucht er die Wörter nicht in dem anerkannten christlichen Sinne. Denn für einen Hindu sind Himmel und Hölle beide innerhalb von Prakriti. Er glaubt an viele Ebenen der Existenz, die anders sind als diese irdische – manche höllisch schmerzhaft, manche himmlisch angenehm. Zu diesen Ebenen können wir nach dem Tode eine gewisse Zeitlang gehen, durch die Karmas genötigt, die wir hier auf der Erde angehäuft haben. Aber wir werden auf keiner von ihnen ewig bleiben. Wenn das gute oder schlechte Karma, welches sie verdient hat, erschöpft ist, werden wir ins sterbliche Leben wiedergeboren – in den einzigen Zustand, in welchem wir nach hinduistischem Glauben frei sind, Yoga zu üben, uns selbst mit dem Atman zu verbinden. Die Sehnsucht nach dem Himmel ist deshalb ein unendlich niedrigeres Begehren als der Wunsch nach Befreiung. Alle indischen religiösen Schriften machen einen klaren Unterschied zwischen beiden. Wenn Sri Krishna Arjuna wegen seines Beschäftigtseins mit den Problemen der Erscheinungswelt tadelt, spricht er vom Menschen, »welcher *lediglich* auf den Himmel hofft«.

Hierzu auch das Gedicht »Brahma« von Emerson:

> Die starken Götter schmachten nach meinem Wohnsitz,
> und vergeblich sehnen sich die heiligen Sieben;
> Aber du, demütiger Liebhaber des Guten!
> Finde mich, und kehre dem Himmel den Rücken zu!

»Die starken Götter« sind in Wirklichkeit überhaupt nicht stark. Sie sind in Prakritis Knechtschaft, angekettet an diesen Kosmos durch ihren Wunsch nach Macht. Sie sind unter denjenigen, die dabei versagt haben, sich auf Nicht-Haftung zu konzentrieren. In der Katha Upanishad gibt Yama, der Gott des Todes, dieses Nachiketa gegenüber offen zu: »Ja, ich weiß, daß irdische Schätze nur bis morgen andauern. Habe ich nicht selbst, im Verlangen, König des Todes zu sein, Feueropfer dargebracht? Aber das Opfer war eine flüchtige Sache, mit flüchtigen Dingen dargebracht, und klein ist mein Lohn, da ich sehe, daß mein Reich nur eine Weile dauert.«

Yama weiß, daß er eines Tages sein Königreich verlassen muß und als Mensch wiedergeboren wird. Dann, und nur dann, wird er eine neue Gelegenheit haben, dem Himmel den Rücken zu kehren und jene Vereinigung mit Atman zu suchen, welche die einzig wahre Unsterblichkeit ist.

20. Die Konzentration des wahren spirituellen Aspiranten wird erreicht durch Glaube, Energie, Sammlung, Versenkung und Erleuchtung.

Das Wort »Glaube« wird von den Agnostikern oft als Beleidigung verwendet. Das heißt, es wird gebraucht, um auf die blinde Leichtgläubigkeit hinzuweisen, welche alle Arten von Dogmen und Glaubensbekenntnissen ohne Fragen hinnimmt, indem alles, was sie gelernt hat, papageienhaft wiederholt und die Ohren für Zweifel und Vernunft verschließt. Ein solcher »Glaube« sollte auf jeden Fall angegriffen werden, denn er ist aus Faulheit, Eigensinn, Unwissenheit und Angst zusammengesetzt. Weil er starr und unnachgiebig ist, kann er leicht erschüttert und völlig zerstört werden.

Aber dies ist nicht wahrer Glaube – der Glaube, welcher von Patanjali empfohlen wird. Wahrer Glaube ist vorläufig, flexibel, undogmatisch, für Zweifel und Vernunft offen. Wahrer Glaube ist nicht wie ein Bilderrahmen, ein permanent begrenzter Raum von Billigung. Er ist wie eine Pflanze, welche immer wieder Schößlinge hervorbringt und wächst. Alles, was wir am Anfang brauchen, ist ein Same. Und der Same braucht nicht mehr zu sein als ein Gefühl von Interesse für die Möglichkeiten des spirituellen Lebens. Vielleicht lesen wir eine Passage in einem Buch, die uns bewegt. Vielleicht begegnen wir jemandem, der einen gewissen Grad an Weisheit und Ruhe durch die Praxis von Meditation und spirituellen Praktiken erreicht hat. Wir fangen an, interessiert und neugierig zu sein. Vielleicht ist dies eine Lösung für unsere eigenen Probleme, vielleicht auch nicht. Wir können nicht sicher sein – wir *sollten* auf dieser Stufe auch nicht sicher sein –, aber wir entschließen uns, es zu probieren.

Nehmen wir an, ihr seid anfällig für Verdauungsbeschwerden. Eines Tages lest ihr ein Buch über Diät oder begegnet einem Arzt, der euch erzählt, daß er eure Gesundheit wiederherstellen kann, wenn ihr seine Anweisungen befolgt. Ihr müßt das Buch oder den Arzt nicht mit blindem Glauben annehmen, aber ihr müßt einen vorläufigen, hypothetischen Glauben haben. Ihr müßt *annehmen,* daß die Diät eurer Verfassung helfen wird. Ihr müßt sie ausprobieren, bevor ihr mit Bestimmtheit sagen könnt, ob sie hilfreich oder unbrauchbar ist. So ist es auch mit der spirituellen Diät, welche die großen Lehrer empfehlen. Ihr müßt vorläufig an die Wahrheit der Schriften und an das Wort eures Lehrers glauben. Auch müßt ihr Energie haben. Ohne Energie könnt ihr keine Art von Unterweisung Tag für Tag befolgen und wirklich ihren Wert prüfen. Buddha machte darauf aufmerksam, daß, wenn es überhaupt eine Sünde gibt, es die Faulheit ist. Wie wir bei der Betrachtung der Gunas gesehen haben, ist Tamas der niedrigste Zustand der Natur und des menschlichen Geistes.

Aber glücklicherweise ist für uns die Energie wie ein Muskel; sie wird durch den Gebrauch stärker. Dies ist eine sehr einfache und augenscheinliche Wahrheit, die uns aber immer wieder erstaunt. Jeder kreative Künstler kennt solche Tage anscheinender Stumpfsinnigkeit und des Fehlens von Inspiration, an welchen er sich zwingen muß zu arbeiten. Und dann, plötzlich, nach Stunden der Plackerei, wird die Anstrengung belohnt; Ideen und Begeisterung beginnen in ihm zu fließen. In all unseren Unternehmungen ist die kleine tägliche Mühe ganz wichtig. Die Muskeln unserer Energie müssen dauernd geübt werden. So erreichen wir stufenweise Schwung und Wirkung.

So wie der Glaube durch persönliche Erfahrung zunimmt und die Energie durch Praxis wächst, so erlangt der Geist eine Richtung. Er wird gesammelt, im wahrsten Sinne des Wortes. Unsere Gedanken sind gleichsam über das ganze mentale Feld verstreut. Jetzt beginnen wir sie wieder zu sammeln und sie auf ein einziges Ziel – die Kenntnis des Atman – hinzuführen. Sowie wir dies tun, finden wir uns selbst immer mehr in den Gedanken an das vertieft, was wir suchen. Und so mündet die Versenkung schließlich in die Erleuchtung, und das Wissen ist unser.

21. Erfolg im Yoga kommt schnell zu jenen, die äußerst energisch sind.

22. Der Erfolg wechselt entsprechend den Mitteln, die verwendet werden, um ihn zu erreichen – sanft, mittelmäßig oder intensiv.

Theoretisch besteht kein Grund, weshalb wir den Zustand des perfekten Yoga nicht innerhalb einer einzigen Sekunde erreichen könnten – da der Atman ewig in uns ist und unsere Unwissenheit über diese Tatsache im Nu zerstreut werden kann.

Praktisch wird unser Fortschritt jedoch durch unsere vergangenen Karmas, unsere jetzigen Ängste und Wünsche und die relative Stärke unserer Energie gebremst. Man kann den benötigten Zeitraum nicht verallgemeinern – er kann sich im Einzelfall über Monate, Jahre oder mehrere Leben erstrecken. Alles, was wir sagen können, ist: Keine Anstrengung, wie klein auch immer, ist vergebens, und je unablässiger wir uns bemühen, desto eher werden wir Erfolg haben.

23. Konzentration kann auch durch Hingabe an Ishwara erreicht werden.

24. Ishwara ist ein besonderes Wesen, unberührt von Unwissenheit und den Produkten der Unwissenheit; er unterliegt weder den Karmas oder den Samskaras noch den Resultaten von Handlungen.

Zum ersten Mal führt Patanjali hier die Idee von Gott ein. Gemäß der Vedanta-Philosophie ist Ishwara der höchste Herrscher des Universums – der Schöpfer, Erhalter und Zerstörer. Brahman, die grundlegende Realität, kann nicht eigentlich als derjenige angesehen werden, der erschafft, erhält und auflöst, da Brahman per Definition ohne Eigenschaften ist. Ishwara ist Brahman innerhalb Prakriti gesehen. Er entspricht mehr oder weniger Gott dem Vater in der christlichen Tradition.

Wichtig ist der Begriff der Hingabe. Befreiung *kann*, wie wir bereits gesehen haben, ohne Verehrung Gottes erreicht werden. Aber das ist ein schmaler und gefährlicher Pfad, dessen Weg sich durch die Fallgruben des Ehrgeizes und des Stolzes schlängelt. Hingabe an ein persönliches Gottesideal bringt eine natürliche Neigung zur Bescheidenheit und zum Dienen mit sich. Sie versüßt die Trockenheit der intellektuellen Unterscheidung und bringt die höchste Liebe hervor, zu der der Mensch fähig ist. Wir können uns Brahman bis zum Moment der Befreiung nicht einmal vorstellen, aber wir alle können uns Ishwara vorstellen, entsprechend unseren verschiedenen Naturen – weil Ishwara Merkmale aufweist, die unser Geist erkennen kann. Ishwara ist alles, was wir über die Realität wissen können, bis wir jenseits von Prakriti gelangen.

Wenn wir Ishwara dienen, wenn wir ihm unsere Handlungen widmen und ihm unseren Willen unterwerfen, werden wir finden, daß er uns zu sich hinzieht. Dies ist die Gnade Gottes, welche Sri Ramakrishna[10] mit einer unablässig wehenden Brise verglichen hat; ihr braucht nur das Segel zu hissen, um sie zu erreichen. In der Gita lesen wir:

Was auch immer eure Handlung,
Essen oder Verehrung;
Was auch immer das Geschenk
das ihr einem andern gebt;
was immer ihr darbringt
dem Werke des Geistes: ...

10 Anm. d. Ü.: Sri Ramakrishna (1836–1886) wurde als Avatar, eine göttliche Inkarnation, angesehen. Er verbrachte die meiste Zeit seines Lebens als Priester des Kali-Tempels in Dakshineswar in der Nähe von Kalkutta. Er rief in Indien eine große spirituelle Erneuerung ins Leben, welche sich durch seinen Schüler Vivekananda später auch im Westen verbreitete.

Legt diese auch
als Gaben vor mich.

Diese Art von Hingabe erfordert wohl ein besonderes Temperament. Es ist nichts für jeden. Aber sie fühlen zu können, ist eine sehr große Gnade, da es der sicherste und glücklichste Weg zur Befreiung ist.

Ishwara ist, wie gesagt, Gott, wie er innerhalb Prakriti erscheint. Aber es muß daran erinnert werden, daß Ishwara der Herrscher von Prakriti ist, nicht ihr Diener. Deshalb beschreibt Patanjali ihn als »besonderes Wesen«. Ein Mensch ist der Diener von Prakriti. Er unterliegt der Unwissenheit seines wahren Selbst (dem Atman) und den Produkten seiner Unwissenheit – Selbstgefälligkeit, Bindung an die Sinnesobjekte, Abneigung gegen sie (was lediglich umgekehrte Bindung ist) und ein blindes Haften an seinem jetzigen Leben: Das sind die verschiedenen Arten von Bindung, welche das Elend ausmachen und die Patanjali im zweiten Kapitel seiner Aphorismen eingehender behandeln wird. Ishwara ist dieser Unwissenheit und ihren Produkten nicht unterworfen.

Der Mensch ist den Gesetzen von Geburt und Tod, den Gesetzen des Karma, unterworfen. Ishwara ist ungeboren, unsterblich. Der Mensch unterliegt seinen Samskaras – fest verwurzelten Neigungen, welche ihn zu weiteren Handlungen und Wünschen antreiben. Ishwara ist frei von Samskaras und Wünschen. Er ist nicht in die Ergebnisse der Handlungen verwickelt. Es ist wahr, der Mensch kann befreit werden. Aber sogar hierin unterscheidet er sich von Ishwara – denn Ishwara war nie in Knechtschaft. Nach der Befreiung ist der Mensch eins mit Brahman. Aber er kann nie mit Ishwara einswerden. (Der Wunsch, Ishwara zu werden, der Herrscher des Universums, wäre in der Tat der irrsinnigste aller selbstgefälligen Wünsche – er scheint in der christlichen Literatur durch die Geschichte vom Falle Luzifers beispielhaft dargestellt zu sein.) Im Zustand der Einheit mit Brahman ist sowohl Ishwara wie auch dieses Universum transzendiert, da beide nur Projektionen von Brahman sind.

25. In Ihm ist das Wissen unendlich; in anderen ist es nur ein Keim.

26. Er war der Lehrer sogar des ersten Lehrers, da Er nicht durch die Zeit begrenzt ist.

Diese beiden Aphorismen behandeln Ishwaras Allwissenheit. Wenn wir die Existenz des Wissens im Menschen annehmen – egal, wie begrenzt es sein mag –, so müssen wir hieraus auf die Existenz von unbegrenztem Wissen in Gott schließen. Angenommen, daß jeder einen Lehrer haben muß, folgert Patanjali, daß der Lehrer des ersten Lehrers nur Gott gewesen sein kann, da er, weil er zeitlos ist, als einziger existierte, bevor es andere Lehrer gab.

27. Das Wort, das Ihn ausdrückt, ist OM.

28. Dieses Wort muß in Meditation über seine Bedeutung wiederholt werden.

29. So kommt das Wissen über Atman und die Zerstörung der Hindernisse zu diesem Wissen.

»Im Anfang war das Wort«, sagt das Evangelium nach dem heiligen Johannes, »und das Wort war bei Gott, und Gott war das Wort.« Diese Aussage gibt ziemlich genau einen Vers aus der Rig-Veda wieder: »Am Anfang war Brahman, mit dem das Wort war; und das Wort war wahrlich der höchste Brahman.« Die Philosophie des Wortes kann man in ihren verschiedenen Formen und Veränderungen von den alten Hindu-Schriften über die Lehren des Plato und der Stoiker bis zu Philo von Alexandrien und dem Autor des vierten Evangeliums verfolgen. Vielleicht kann bewiesen werden, daß eine historische

Verbindung zwischen all diesen aufeinanderfolgenden Schulen des Denkens besteht, vielleicht auch nicht. Die Frage ist eigentlich nicht so wichtig. Die Wahrheit kann unabhängig in vielen verschiedenen Epochen und an verschiedenen Orten wiederentdeckt werden. Die Macht des Wortes, zum Guten oder zum Schlechten, wurde von der Menschheit seit dem Beginn der Geschichte anerkannt. Primitive Stämme haben sie in ihren Tabus und geheimen Kulten bewahrt. Die Kulturen des zwanzigsten Jahrhunderts haben sie zur Benutzung in Politik und kommerzieller Reklame herabgewürdigt.

Wörter und Ideen sind unzertrennlich. Man kann keine Idee von Gott haben ohne das Wort, das Ihn ausdrückt. Aber weshalb unbedingt das Wort OM gebrauchen? Die Hindus antworten, daß, weil Gott die grundlegende Wirklichkeit des Universums ist, er durch den grundlegendsten, den natürlichsten, den umfassendsten aller Töne dargestellt werden muß. Und sie behaupten, daß dieser Ton OM ist (oder AUM, wie er richtig ausgesprochen werden sollte).[11] Um Swami Vivekananda zu zitieren: »Der erste Buchstabe, *A*, ist der Grundton, der Schlüssel, er wird ausgesprochen, ohne irgendeinen Teil der Zunge oder des Gaumens zu berühren; *M* stellt den letzten Ton in der Folge dar, er wird durch das Schließen der Lippen hervorgebracht, und *U* rollt von der äußersten Wurzel bis zum Ende des Resonanzbodens des Mundes. So stellt OM das ganze Phänomen der Tonerzeugung dar. Wem das Argument der Phonetik nicht genügt, um diese Behauptung zu rechtfertigen, sollte sich daran erinnern, daß OM mit ziemlicher Sicherheit das älteste Wort für Gott ist, das durch die Zeitalter überliefert wurde. Es wurde von unzähligen Millionen von Verehrern benutzt – immer im universalen Sinne; es schließt keine speziellen Attribute ein, es bezieht sich auf keine besondere Gottheit. Wenn ein solcher Gebrauch Heiligkeit verleihen kann, dann ist OM das heiligste aller Wörter. Aber

11 Anm. d. Ü.: Siehe hierzu auch die Ausführungen über AUM von Bhagavan Sri Shankara in dem Buch: *Panchikaranam. Eine kleine Abhandlung über Vedanta.* Herausgeber: Advaita Ashrama, Calcutta

wirklich von Bedeutung ist, daß wir die Macht des Wortes in unserem spirituellen Leben würdigen; und diese Anerkennung kann nur durch praktische Erfahrung kommen. Menschen, die nie die Wiederholung des Namens Gottes geübt haben, sind fähig, darüber zu spotten: sie erscheint ihnen so leer, so mechanisch. »Nur immerzu dasselbe Wort wiederholen!« rufen sie verächtlich. »Wozu soll das gut sein?«

Die Wahrheit ist, daß wir alle geneigt sind, uns selbst dahingehend zu schmeicheln – trotz unserer täglichen Erfahrung des Gegenteils –, daß wir unsere Zeit mit dem Denken von logischen, aufeinanderfolgenden Gedanken verbringen. Tatsächlich tun die meisten von uns nichts dergleichen. Aufeinanderfolgende Gedanken über ein Problem nehmen nur einen ganz kleinen Teil unserer wachen Stunden ein.

Meistens sind wir in einem Zustand des Träumens – einem mentalen Nebel von losgelösten Sinneseindrücken, unwichtigen Erinnerungen, unsinnigen Fetzen von Sätzen aus Büchern und Zeitungen, kleinen huschenden Ängsten und Verstimmungen, physischen Empfindungen von Unbehagen, Erregung oder Wohlgefühl. Wenn wir, in irgendeinem gegebenen Moment, zwanzig menschliche Geister nehmen und ihre Denkweise untersuchen könnten, würden wir wahrscheinlich nur einen oder höchstens zwei finden, die rational funktionieren. Die übrigen achtzehn oder neunzehn Geister würden eher wie folgt denken:

»Tintenfaß. Zu der Zeit sah ich Roosevelt. Verliebt in die mysteriöse Nacht. Roter Veto-Pakt. Jimmy versucht meinen Job zu bekommen. Mary sagt, ich bin fett. Der dicke Zeh tut weh. Suppe gut ...« usw., usw. Weil wir nichts tun, um diese Träumerei zu kontrollieren, wird sie größtenteils durch äußere Umstände geformt. Ist das Wetter wolkig, so ist unsere Stimmung getrübt. Die Sonne kommt heraus, unsere Stimmung klärt sich. Insekten beginnen um uns herumzusurren, und wir werden gereizt und nervös. Oft ist es so banal.

Aber jetzt, wenn wir in diese Träumerei die Wiederholung von Gottes Namen einbringen, finden wir, daß wir unsere

Stimmungen kontrollieren können, trotz der Einmischung der äußeren Welt. Wir wiederholen ohnehin immer Wörter in unserem Geist – den Namen eines Freundes oder Feindes, den Namen einer Angst, den Namen eines begehrten Objektes –, und jedes dieser Wörter ist von seinem eigenen mentalen Klima umgeben. Versucht, zehntausendmal »Krieg« zu sagen oder »Krebs« oder »Geld«, und ihr werdet merken, daß eure gesamte Stimmung sich verändert hat und durch die Assoziationen, die mit diesem Wort verbunden sind, gefärbt wurde. Genauso wird der Name Gottes das Klima eures Geistes verändern. Er kann nicht anders.

In den Hindu-Schriften finden wir oft den Satz: »In seinen Namen Zuflucht nehmen.« (Hierzu auch das Buch der Sprüche 18,10: »Der Name des Herrn ist eine feste Burg; der Gerechte läuft hinein und ist sicher.«) Dieser Satz – der zuerst zu poetisch klingen mag – bekommt in unserem spirituellen Leben eine sehr reale und wortwörtliche Bedeutung. Wenn das Gemüt so heftig durch Schmerz oder Angst oder durch die Bedürfnisse einer physischen Notlage gestört ist, daß es unmöglich für Meditation benutzt werden kann oder sogar für rationelles Denken, so bleibt noch etwas, das man immer tun kann: man kann seinen Namen wiederholen, wieder und wieder. Man kann sich daran festhalten, durch den ganzen Tumult hindurch. Wenn man einmal die Macht des heiligen Wortes wirklich getestet und erprobt hat, wird man immer mehr darauf vertrauen. Durch andauernde Praxis wird die Wiederholung automatisch. Man braucht sie nicht länger bewußt zu wollen. Es verhält sich eher wie beim Thermostat an einem Wassererhitzer oder einem Kühlschrank. Sobald das Gemüt eine unerwünschte »Temperatur« erreicht, wird man merken, daß die Wiederholung von selbst beginnt und so lange wie nötig anhält.

Die Wiederholung von Gottes Namen ist selbstverständlich nicht genug, wie Patanjali betont. Wir müssen auch über seine Bedeutung meditieren. Aber der eine Prozeß folgt natürlicherweise auf den anderen. Wenn wir in unserer Wiederholung ausdauern, wird es uns unausweichlich in Meditation führen. Unsere verworrene Träumerei wird nach und nach konzentriertem Denken weichen. Wir könnten nicht lange irgendein Wort wiederholen, ohne über die Realität nachzudenken, welche es vertritt. Sofern wir nicht sehr fortgeschritten in spiritueller Übung sind, wird diese Konzentration nicht länger als ein paar Momente aufrechterhalten werden; der Geist wird wieder zurück in die Träumerei gleiten. Aber es wird eine höhere Art von Träumerei sein – eine Träumerei, die mehr von Sattva denn von Rajas oder Tamas dominiert wird. Und der innerlich beständig ausgesprochene Name wird wie ein sanftes Zupfen am Ärmel sein, um unsere Aufmerksamkeit zu fordern und schließlich wiederzugewinnen.

Wenn in Indien ein Schüler zu einem Lehrer zur Initiation kommt, bekommt er das, was man ein *Mantra* nennt. Das Mantra besteht aus einem oder mehreren heiligen Namen, welche der Schüler für den Rest seines Lebens zu wiederholen und darüber zu meditieren hat. Es wird als sehr privat und sehr heilig angesehen – die wirkliche Essenz der Anweisungen des Lehrers an diesen speziellen Schüler und der Same, in welchem die spirituelle Weisheit von einer Generation zur nächsten weitergereicht wird. Man darf sein Mantra nie einem anderen menschlichen Wesen anvertrauen. Der Akt der Wiederholung wird *Japa* genannt. Man kann Japa laut ausführen, wenn man alleine ist, oder lautlos, wenn man unter anderen Menschen ist. Es ist praktisch, dies mit einem Rosenkranz zu tun – so wird das Denken mit physischer Handlung verbunden (was einer der größten Vorteile aller Rituale ist) und ein kleines, aber ausreichendes Ventil für die nervöse Energie des Körpers geboten, welche sich sonst stauen und den Geist stören könnte. Die meisten spirituellen Aspiranten entschließen sich, jeden Tag eine bestimmte Anzahl Japa zu machen.

Der Rosenkranz dient zum Zählen – eine Perle steht für jede Wiederholung des Mantras – so daß man nicht abgelenkt wird, weil man mitzählen muß.[12]

12 Anm. d. Ü.: Großartige Beispiele für Japa sind Swami »Papa« Ramdas (*Auf der Suche nach Gott*, Ansata-Verlag 1988) und Mata Amritanan-

Es ist überflüssig hinzuzufügen, daß die Praxis des Japa nicht auf die hinduistische Religion beschränkt ist. Die Katholiken lehren sie auch. »Gegrüßt sei Maria« ist ein Mantra. Eine Mantraform wird auch von der griechisch-orthodoxen Kirche anerkannt. Wir zitieren hier aus zwei bemerkenswerten Büchern, *Der Weg eines Pilgers* und *Der Pilger setzt seinen Weg fort,* welche die spirituelle Pilgerreise eines russischen Mönches während der Mitte des letzten Jahrhunderts schildern.

> Das dauernde innerliche Gebet Jesu ist ein ununterbrochenes Anrufen des göttlichen Namens Jesu mit den Lippen, im Geiste, im Herzen; indem man ein mentales Bild seiner dauernden Präsenz formt und seine Gnade erfleht, während jeder Beschäftigung, zu jeder Zeit, überall, sogar während des Schlafs. Die Anrufung ist in diese Worte gefaßt: »Herr Jesus Christus, hab Erbarmen mit mir.« Einer, der sich an diese Anrufung gewöhnt, erlebt als Resultat eine solch tiefe Tröstung und ein solch großes Bedürfnis, dauernd das Gebet zu sprechen, daß er nicht mehr länger ohne es leben kann, und es wird fortfahren, sich von selbst in ihm hörbar zu machen.
> Viele sogenannte erleuchtete Menschen sehen dieses häufige Beten ein und desselben Gebetes als nutzlos und sogar oberflächlich an, nennen es mechanisch und eine gedankenlose Beschäftigung einfacher Leute. Aber unglücklicherweise kennen sie nicht das Geheimnis, welches als Resultat dieser mechanischen Übung offenbart wird, sie wissen nicht, wie dieser häufige Gebrauch der Lippen unmerklich zu einem aufrichtigen Ruf des Herzens wird, wie er ins innerliche Leben eintaucht, zum Entzücken wird, als ob er ganz natürlich für die Seele wäre, indem er Licht und Nahrung bringt und zur Vereinigung mit Gott führt. Der heilige Johannes Chrysostomos sagt fol-

damayi (Amma), welche durch permanentes Japa und völlige Hingabe höchste Erleuchtung erlangten (*Mutter der Unsterblichen Glückseligkeit,* Ansata-Verlag 1993).

gendes in seiner Lehre über das Gebet: »Niemand sollte entgegnen, daß es für einen Menschen, der mit weltlichen Pflichten beschäftigt ist und der nicht zur Kirche gehen kann, unmöglich ist, dauernd zu beten. Überall, wo man sich auch immer befindet, kann man einen Altar für Gott im Geiste mit Hilfe des Gebetes errichten. Und so ist es angemessen, bei seinem Handel zu beten, auf einer Reise, am Ladentisch stehend oder in der Werkstatt sitzend ... In einer solchen Lebensordnung würden alle seine Handlungen, durch die Kraft von Gottes Namen, von Erfolg gekrönt sein, und schlußendlich würde er sich selbst in der ununterbrochenen gebetlichen Anrufung des Namens Jesu Christi üben. Er würde durch Erfahrung lernen, daß die Häufigkeit des Gebetes, dieses einzigen Mittels der Erlösung, eine Möglichkeit für den Willen des Menschen darstellt, daß es möglich ist, zu allen Zeiten, unter allen Umständen und überall zu beten, und daß es leicht ist, sich vom öfteren sprachlichen Beten zum Beten im Geiste und von diesem Gebet zum Gebet des Herzens zu erheben, welches das Königreich Gottes in uns eröffnet.«

30. Krankheit, geistige Liederlichkeit, Zweifel, Mangel an Enthusiasmus, Faulheit, Gier nach Sinneslust, falsche Wahrnehmung, Verzweiflung, verursacht durch das Versagen, sich zu konzentrieren, und Unstetigkeit in der Konzentration: diese Ablenkungen sind Hindernisse zum Wissen.

31. Diese Ablenkungen sind begleitet von: Kummer, Mutlosigkeit, Zittern des Körpers und unregelmäßigem Atmen.

Es ist anzumerken, daß fast alle Ablenkungen, die Patanjali aufzählt, unter die generelle Überschrift Tamas gehören. Faulheit ist der große Feind – der Anreger von Feigheit, Unentschlossenheit, Kummer, der sich selbst bemitleidet, und trivalen, haarspalterischen Zweifeln. Faulheit kann auch eine psychologische Ursache von Krankheit sein. Es ist verlokkend, von unseren Pflichten auszuruhen, sich in Krankheit zu flüchten und sich unter einer schönen warmen Decke zu verstecken.

Der Körper widersteht allen ungewohnten Disziplinen und will vielleicht versuchen, sie zu sabotieren durch alarmierende, hysterische Zurschaustellung von Schwäche, Anfällen von Ohnmacht, heftigen Kopfschmerzen, Herzklopfen und so weiter. Dieser Widerstand ist unterbewußt. Die Symptome, die er hervorbringt, sind ernsthaft genug. Man sollte sie nicht mit bloßer Gewalt bekämpfen – sich selbst aus dem Bett zerren und im Fieber umhertorkeln. Aber man kann gegen seine Faulheit auf der unterbewußten Ebene durch ruhiges Beharren im Japa angehen. Man ist nie zu schwach oder zu krank dafür. Und die Faulheit wird ihren Griff nach und nach lockern, wenn sie merkt, daß ihr es ernst meint.

Wenn ein Aspirant ins spirituelle Leben eintritt, macht er das selbstverständlich mit viel Begeisterung. Die ersten Schritte sind fast immer von Gefühlen des Friedens und der Freude begleitet. Alles scheint so leicht, so inspirierend. Es ist deshalb sehr wichtig, daß er von Anfang an erkennt, daß diese Stimmung nicht ununterbrochen für den Rest seines Weges anhalten wird.

Religion ist nicht einfach ein Zustand der Euphorie. Es wird Rückfälle geben; Phasen des Ringens, der Dürre und des Zweifels. Aber diese sollten ihn nicht übermäßig beunruhigen. Bewußte Gefühle, wie begeistert auch immer, sind nicht die einzigen Zeichen für spirituellen Fortschritt. Wir können am stärksten während einer Zeit wachsen, in der unser Geist dunkel und schwerfällig erscheint. So sollten wir nie auf die Eingebungen der Faulheit hören, welche uns davon zu überzeugen versucht, daß diese Trägheit ein Zeichen von Versagen ist. Es gibt kein Versagen, solange wir uns weiterhin anstrengen.

32. Sie können durch die Praxis der Konzentration auf eine einzige Wahrheit abgewendet werden.

Das heißt, auf die Wahrheit der Existenz Gottes. Gott hat viele Aspekte, und so gibt es unzählige Annäherungen an Ihn. Patanjali wird verschiedene davon später ausführlich behandeln. Dieser Aphorismus betont einfach die Wichtigkeit der Zielstrebigkeit. Wenn der Aspirant seine ideale Gottesform gewählt hat und seinen Weg, sich ihr zu nähern, so muß er sich fest daran halten. Manche Menschen neigen dazu, in ihrer Haltung zur Religion zu katholisch zu sein; sie probieren ein bißchen von diesem Kult, ein bißchen von jenem und versäumen, irgendeinen Weg bis zum Ziel zu verfolgen, wo sie alle vereint sind. Sri Ramakrishna vergleicht sie mit einem Mann, der eine Anzahl flacher Brunnen gräbt, aber nie tief genug, um irgendwo Wasser zu finden.

Um diese Konzentration zu erreichen, müssen wir unseren Geist beruhigen und reinigen. Patanjali sagt uns nun, wie man das macht. Er beschreibt die mentale Haltung, die wir unseren Nachbarn gegenüber in dieser Welt haben sollten.

33. Ungestörte Stille des Geistes wird erreicht, indem man Freundlichkeit gegenüber dem Glücklichen entwickelt, Erbarmen mit dem Unglücklichen, Freude über den Tugendhaften und Gleichgültigkeit gegenüber dem Gottlosen.

Wenn wir jemandem begegnen, der glücklich ist in seiner Art zu leben, sind wir geneigt, ihn zu beneiden und auf seinen Erfolg eifersüchtig zu sein. Wir müssen lernen, uns daran zu erfreuen, so wie wir Freude am Glück eines Freundes haben. Wenn jemand unglücklich ist, sollten wir ihn bedauern, anstatt ihn zu verachten und ihn zu kritisieren, weil er das Unglück über sich selbst gebracht hat. Die Tugend der anderen kann uns ärgern, weil wir sie als ein Spiegelbild unserer eigenen Unzulänglichkeiten ansehen. Wir sind versucht, darüber zu spötteln, und deuten sie als Scheinheiligkeit. Wir sollten uns, im Gegenteil, darüber freuen und sie als Anregung verstehen, es selber besser zu machen. Was die Gottlosen anbelangt, müssen wir uns an die Worte Christi erinnern: »Laßt euch nicht vom Übel überwältigen.«

Wenn jemand uns Leid zufügt oder uns haßt, ist unser erster Instinkt, ihm mit Haß und Kränkung zu antworten. Es mag uns gelingen, ihn zu verletzen, aber wir werden uns selbst viel mehr verletzen, und unser Haß wird unseren Geist in Aufruhr stürzen. So müssen wir Gleichgültigkeit üben gegenüber den Kränkungen durch andere. Wir müssen hinter die Bösartigkeit der Gottlosen sehen und versuchen zu verstehen, was sie dazu veranlaßt, uns in dieser Weise zu behandeln. Sehr oft werden wir herausfinden, daß wir selbst teilweise für ihre Haltung verantwortlich sind. Die Beziehung zwischen dem Angreifer und seinem Opfer, dem Mörder und dem Ermordeten ist nicht immer eine von einfacher Schuld und Unschuld; sie kann äußerst komplex sein. Es können Herausforderungen auf beiden Seiten bestehen.

Die richtige Annäherung an unsere Mitmenschen ist in einem der ersten hinduistischen Mönchsgelübde zusammengefaßt: »Die Fliegen suchen Dreck, die Bienen suchen Honig. Ich werde die Gewohnheit der Fliegen meiden und der der Bienen folgen. Ich werde mich enthalten, in den anderen Fehler zu suchen, und werde nur nach dem Guten in ihnen schauen.« Das ist ein Gelübde, das wir alle ablegen und danach zu leben trachten sollten.

34. Der Geist kann auch durch das Ausstoßen und das Anhalten des Atems beruhigt werden.

Patanjali gebraucht hier das Wort *Prana*. Mit Prana ist tatsächlich Energie gemeint – die vitale Energie, die wir dem uns umgebenden Universum entnehmen. Da diese Energie in erster Linie durch Atmen erlangt wird, können wir Prana in diesem Kontext mit »Atem« übersetzen.

Später werden wir mehr über das System der Atemübungen lernen, auf die Patanjali sich hier bezieht. Es ist als *Pranayama* bekannt. Aber ohne in Einzelheiten zu gehen ist es notwendig, hier zwei generelle Bemerkungen zu machen:

Erstens müssen wir vermerken, daß Patanjali die Kontrolle des Geistes als ein psychophysisches Problem ansieht. Hierin stimmt er mit dem modernen wissenschaftlichen Denken überein. Studien haben gezeigt, daß die Art der Atmung den ganzen Organismus beeinflußt.

Ruhe kann tatsächlich durch tiefes, gleichmäßiges Ein- und Ausatmen erreicht werden. Mentale Störung und Verzagtheit sind (wie Patanjali im Aphorismus 31 dieses Kapitels bemerkt) von unregelmäßiger Atmung begleitet: schnell, flach und unkontrolliert.[13]

Zweitens darf nie vergessen werden, daß Pranayama nur ein physisches Mittel für ein spirituelles Ziel ist. Viele nicht unterrichtete Menschen glauben, daß Yoga nichts als ein System von Atemübungen und komplizierten Haltungen sei – »die Luft anhalten und auf dem Kopf stehen«. Wenn sie über Yoga reden, meinen sie in der Tat nur *Hatha-Yoga*, welches der korrekte Name für dieses System von Übungen ist, wie es ursprünglich im alten Indien praktiziert wurde. Hatha-Yoga war gedacht, um den Anwärter auf spirituelle Erfahrung vorzubereiten, indem sein Körper vervollkommnet wurde; aber es wurde von spirituellen Lehrern mißbilligt, da man in der Praxis dazu neigt, den Geist auf den Körper selbst zu konzentrieren.

Im Westen finden wir Hatha-Yoga in einer komplett degenerierten Form, als einen Kult der physischen Schönheit und

13 Anm. d. Ü.: Hier sei auf die ausgedehnten Untersuchungen über Transzendentale Meditation (TM) und ihre Auswirkungen hingewiesen, die seit 25 Jahren gemacht werden (Atmung, Entspannung, Hautwiderstand, Gehirnwellen, Biochemie, Blutdruck, Intelligenz usw. Es gibt über 500 Untersuchungen aus 37 Ländern, die in vielen medizinischen Fachzeitschriften publiziert wurden: *Scientific Research on the Transcendental Meditation* TM Program: Collected Papers, Vol. I, (MIU-Press 1976).

der verlängerten Jugend. Als solcher mag er sicherlich wirksam sein, aber auch gefährlich. Übermäßige Atemübungen, nur um des angenehmen »Sauerstoff-Rausches« willen, den sie produzieren, können zu Halluzinationen und möglicherweise zu Wahnsinn führen. Und bestenfalls ist die exzessive Beschäftigung mit unserer physischen Erscheinung und unserem Wohlergehen eine offensichtliche Ablenkung, die bewirkt, daß wir in alberner Eitelkeit unser wahres Ziel vergessen.

35. Diese Formen der Konzentration, die in außerordentliche Wahrnehmungen münden, ermutigen die Ausdauer des Geistes.

Da die meisten von uns normalerweise skeptisch sind, trotz unserer beteuerten »Überzeugungen«, brauchen wir die nochmalige Versicherung, daß die Macht des Geistes über die Materie wirklich existiert. Trotz unzähliger gut dokumentierter Experimente, welche unter strikten Laborbedingungen stattgefunden haben, lächeln wir noch immer entschuldigend, wenn wir über Telepathie, Präkognition und das Phänomen der Medialität reden. Wenn wir diesen Bereich überhaupt studiert haben, können wir nicht ganz ungläubig sein, daß solche Dinge möglich sind, aber doch – sie sind nicht *uns* passiert. Solange sie das nicht sind, hegt der Geist immer noch leichte Zweifel.

Patanjali empfiehlt deshalb, daß wir versuchen sollten, einige »außergewöhnliche Wahrnehmungen« für uns selbst zu entwickeln. Man sagt, daß wenn ein Mensch sich auf die Spitze seiner Nase konzentriere, er wunderbare Düfte riechen würde. Wenn die Konzentration auf die Zungenspitze fixiert wird, würde ein übernormaler Geschmackssinn daraus entstehen; wenn sie auf den Gaumen gerichtet ist, entstünde ein übernormaler Sinn für Farben, auf die Mitte der Zunge gerichtet, entstünde ein übernormaler Sinn für Berührung; auf die Wurzel der Zunge gerichtet, entstünde ein übernormaler

Sinn des Gehörs. Solche Kräfte sind an sich ohne Wert, aber wenigstens dienen sie dazu zu beweisen, was mit dem Geist angestellt werden kann, genauso wie akrobatische Tricks in einem Gymnasium bezeugen, wie kräftig und biegsam ein geübter menschlicher Körper werden kann. So fangen wir an zu verstehen, daß alles möglich ist für diejenigen, die sich konzentrieren können, und so werden wir dazu ermutigt, beharrlich zu sein und ohne Angst bei unserer Suche nach innerem Wissen vorwärts zu drängen. Die physische Stärke, die in einem Gymnasium gewonnen wird, kann später für praktische Zwecke genutzt werden. Die mentale Stärke, die durch diese Konzentrationsübungen gewonnen wird, kann für den praktischsten aller Zwecke benutzt werden: uns mit dem Atman zu vereinen.

36. Konzentration kann auch durch das Fixieren des Geistes auf das Innere Licht erreicht werden, welches jenseits des Leides ist.

Die alten Yogis glaubten, daß es ein eigentliches Zentrum des spirituellen Bewußtseins gebe, »der Lotos des Herzens« genannt, zwischen dem Unterleib und dem Thorax gelegen, welcher in tiefer Meditation offenbart werden könne.

Sie behaupteten, daß er die Form eines Lotos hätte und mit einem inneren Licht schiene. Er wurde als »jenseits des Leides« angesehen, da diejenigen, die ihn sahen, mit einem außergewöhnlichen Sinn für Friede und Freude begabt waren.

Von frühesten Zeiten an betonten die Yoga-Meister die Wichtigkeit, über diesen Lotos zu meditieren. »Der höchste Himmel scheint im Lotos des Herzens«, sagt die Kaivalya Upanishad. »Diejenigen, die kämpfen und streben, können hier eintreten. Ziehe dich in die Einsamkeit zurück. Setz dich an eine saubere Stelle in aufrechter Haltung, mit dem Kopf und dem Hals in einer geraden Linie. Kontrolliere alle Sinnesorgane. Verneige dich in Ergebenheit vor deinem Lehrer. Dann trete in den Lotos des Herzens ein, und meditiere dort über die Präsenz von Brahman – den Reinen, den Unendlichen, den Glückseligen.«

Und in der Chandogya Upanishad lesen wir:

> Innerhalb der Stadt von Brahman, welche der Körper darstellt, ist das Herz, und in dem Herzen ist ein kleines Haus. Dieses Haus hat die Form eines Lotos, und darin wohnt das, was gesucht werden soll, wonach man sich erkundigen und das man realisieren soll.
> Was ist denn das, was in diesem kleinen Haus, in diesem Lotos des Herzens, wohnt? Was ist es, das gesucht werden soll, wonach man sich erkundigen soll und was verwirklicht werden soll?
> Genauso weit wie das Universum außerhalb ist das Universum im Lotos des Herzens. In ihm sind Himmel und Erde, die Sonne, der Mond, der Blitz und alle Sterne.
> Was immer im Makrokosmos ist, ist auch in diesem Mikrokosmos. Alle Dinge, die existieren, alle Wesen und alle Wünsche, sind in der Stadt von Brahman; was geschieht denn mit ihnen, wenn das Alter näherrückt und der Körper sich im Tode auflöst?
> Obschon das Alter zum Körper kommt, wird der Lotos des Herzens nicht älter. Er stirbt nicht mit dem Tode des Körpers. Der Lotos des Herzens, wo Brahman in all seiner Herrlichkeit wohnt –, er, und nicht der Körper, ist die richtige Stadt von Brahman. Brahman, der dort wohnt, ist unberührt durch irgendein Tun, ohne Alter, ohne Tod, frei von Leiden, frei von Hunger und von Durst. Seine Wünsche sind rechte Wünsche, und seine Wünsche werden erfüllt.

Und in der Mundaka Upanishad heißt es: »Im Lotos des Herzens wohnt er, dort, wo die Nerven wie Speichen eines Rades zusammenkommen. Meditiert über ihn als OM, und ihr könnt mit Leichtigkeit den Ozean der Dunkelheit überqueren. In dem strahlenden Lotos des Herzens wohnt Brahman, leidenschaftslos und unteilbar. Er ist rein. Er ist das Licht allen Lichtes. Der Kenner von Brahman erreicht ihn.«

Diese Methode der Meditation ist hilfreich, da es unser Bild vom spirituellen Bewußtsein, zu dem wir hinstreben, lokalisiert. Wenn der Körper als eine geräuschvolle und geschäftige Stadt angesehen wird, dann können wir uns vorstellen, daß in der Mitte dieser Stadt ein kleiner Tempel ist und daß in diesem Tempel der Atman, unsere wahre Natur, zugegen ist. Was auch immer draußen in den Straßen vor sich geht, wir können immer diesen Tempel betreten und ihn anbeten.

Er ist immer offen.

37. Oder durch Meditation über das Herz einer erleuchteten Seele, die frei von Leidenschaft ist.

Laßt euren Geist auf einer heiligen Persönlichkeit ruhen – einem Buddha, einem Christus, einem Ramakrishna. Dann konzentriert euch auf sein Herz. Versucht euch vorzustellen, wie man sich *fühlen* muß, ein großer Heiliger zu sein; rein und ungetrübt von Sinnesobjekten, ein Kenner von Brahman. Versucht zu fühlen, daß das Herz des Heiligen in eurem eigenen Körper euer Herz geworden ist. Hier wird wieder die Lokalisierung des Bildes als sehr hilfreich empfunden werden.

Sowohl Hindus als auch Christen üben diese Meditationsform aus – indem sie sich nicht nur auf das Herz konzentrieren, sondern manchmal auch auf die Hände und die Füße und die ganze Form.

38. Oder indem man den Geist auf eine Traumerfahrung oder die Erfahrung des Tiefschlafs fixiert.

Mit »Traumerfahrung« meint Patanjali einen Traum von einer heiligen Persönlichkeit oder einem göttlichen Symbol. Solche Träume können wahre Erfahrungen genannt werden, weil sie eine Art Freude und Offenbarung bringen, die mit uns verbleibt, nachdem wir wach geworden sind. In der Literatur der indischen Spiritualität finden wir viele Begebenheiten von Gläubigen, die träumten, daß sie ein Mantra von einem großen spirituellen Lehrer erhalten haben. Solch ein Traum-Mantra wird als genauso heilig angesehen wie eines, das im Wachzustand gegeben wurde, und der Gläubige, der es erhält, wird darüber für den Rest seines Lebens meditieren.

Eine andere Methode, den Geist zu beruhigen, ist, sich auf den Sinn friedvoller Freude zu konzentrieren, mit dem wir aus tiefem, traumlosem Schlaf erwachen. Der Vedanta-Philosophie zufolge ist der Atman im Menschen von drei Schichten oder »Hüllen« bedeckt. Die äußerste dieser Schichten ist die physische Hülle, welche die Schicht aus grober Materie darstellt. Darunter ist die feine Hülle, welche aus der inneren Essenz der Dinge zusammengesetzt und der Stoff der Geisteswelt ist. Darunter ist die Kausal-Hülle, so genannt, weil sie das Netz unseres Karma ist, der Komplex von Ursache und Wirkung, welche unsere Persönlichkeit und unser Leben zu dem machen, was sie zu irgendeinem bestimmten Moment sind. Die Kausal-Hülle ist der Ego-Sinn, welcher uns uns selbst und die Phänomene des Universums als getrennte Dinge sehen läßt. Im Wachzustand, so sagt uns Vedanta, treten alle diese drei Hüllen zwischen uns und den Atman, aber im traumlosen Schlaf sind die beiden äußeren Bedeckungen entfernt, und nur die Kausal-Hülle, der Ego-Sinn, bleibt übrig. Deshalb folgt daraus, daß wir dem Atman im traumlosen Schlaf näher sind als in irgendeiner anderen Phase unseres gewöhnlich unspirituellen Lebens; näher – und doch so weit entfernt, denn was uns trennt, ist die hartnäckigste Hülle der drei, die grundlegende Schicht der Unwissenheit, die Lüge des Verschiedenseins. Und diese Hülle kann nie durch Nur-Schlafen durchbrochen werden. Wir können nicht hoffen, eines Morgens aufzustehen und uns mit der Realität vereint wiederzufinden. Trotz allem dringt eine schwache Andeutung, eine leichte Strahlung der friedvollen Ruhe des Atman in diesem Stadium zu uns durch und bleibt bei uns, wenn wir zum Wachbewußtsein zurückkehren. Wir sollten versuchen, sie festzuhalten und darin zu verweilen. Es ist ein Vorgeschmack der Glückseligkeit perfekten Wissens.

39. Oder indem man den Geist auf irgendeine göttliche Form oder ein göttliches Symbol fixiert, welche einem als gut zusagen.

Eines der attraktivsten Merkmale von Patanjalis Philosophie ist ihre Weitsicht, ihre Universalität. Hier wird nicht versucht, einem spirituellen Aspiranten einen speziellen Kult aufzudrängen. Gott ist in uns, und es geschieht durch das Licht seiner Gegenwart – wie schwach es auch immer durch die Schichten unserer Unwissenheit scheinen mag –, daß wir unsere eigenen Bilder und Symbole des Guten formen und auf die Außenwelt projizieren. Alle diese Bilder, Symbole oder Ideen sind heilig, wenn sie in Aufrichtigkeit erschaffen wurden. Sie mögen primitiv und kindisch sein, sie mögen andere vielleicht nicht anziehen; das ist unwichtig. Wichtig ist allein unsere Haltung ihnen gegenüber. Was wir auch immer aufrichtig und unschuldig anbeten, machen wir heilig. Deshalb sollten wir immer Achtung vor der Religion der anderen haben und uns vor Fanatismus in acht nehmen. Gleichzeitig jedoch – wie oben mit Verweis auf Aphorismus 32 bemerkt wurde – müssen wir uns auf einen Weg der Suche beschränken und dabei bleiben; sonst werden wir alle unsere Energien in reinem spirituellem »Schaufensterln« vergeuden. Wir können nichts in einem Tempel oder einer Pilgerstätte finden, wenn wir nichts hineinbringen, und wir dürfen nie bei der äußerlichen Praxis eines Kultes vergessen, daß, obschon die Realität überall ist, wir nur in unserem eigenen Herzen damit Verbindung aufnehmen können. Wie der große indische Heilige Kabir in einem seiner berühmtesten Gedichte sagt:

Ich lache, wenn ich höre, daß der Fisch
im Wasser durstig ist.
Du wanderst ruhelos von Wald zu Wald,
während die Realität in deiner eigenen Wohnung ist.
Die Wahrheit ist hier! Geh wohin du willst –
nach Benares oder nach Mathura;

bis du Gott gefunden hast
in deiner eigenen Seele, wird
die ganze Welt dir sinnlos erscheinen.

40. Der Geist eines Yogi kann sich auf irgendein Objekt, egal welcher Größe, konzentrieren, vom Atomaren bis zum unendlich Großen.

Mit »ein Yogi« ist hier nicht bloß »einer, der Yoga praktiziert« gemeint, sondern jemand, der schon die Kraft der ungeteilten (»auf einen Punkt gerichteten«) Konzentration erlangt hat. Diese Kraft kann selbstverständlich nur durch komplette Selbstbeherrschung erreicht werden. Wenn ein spiritueller Aspirant mit der Konzentration beginnt, begegnet er allen Arten von Ablenkungen. Man ist sich nie im klaren darüber, wieviel Plunder man im Hause hat, bis man anfängt, das Dachgeschoß und den Keller aufzuräumen. Man realisiert nie, wieviel Müll man in den unterbewußten Regionen seines Geistes angehäuft hat, bis man den Versuch macht, sich zu konzentrieren. Deshalb werden viele Anfänger entmutigt. »Ehe ich mit der Praxis der Konzentration anfing«, sagen sie, »schien mein Geist ziemlich sauber und ruhig zu sein. Jetzt ist er durcheinandergebracht und voll von schmutzigen Gedanken. Es widert mich an. Ich hatte ja keine Ahnung, daß ich so schlecht war! Und sicher werde ich schlechter, nicht besser.« Sie haben natürlich unrecht. Daß sie einen mentalen Hausputz unternommen und diesen ganzen Schlamassel aufgewühlt haben, heißt, daß sie einen Schritt in die richtige Richtung getan haben.

Was die Ruhe anbelangt, die sie früher erfahren zu haben glauben, sie war nur Apathie – die Ruhe eines Tümpels, der voller Schlamm ist. Für den gelegentlichen Beobachter mögen sich Faulheit und Gelassenheit – Tamas und Sattva – manchmal ähnlich sehen. Aber um vom einen zum andern zu kommen, müssen wir durch die heftigen Unruhen der aktiven Anstrengung gehen – die Phase von Rajas. Der gelegentliche Beobachter, der unsere Kämpfe und unser Elend sieht, mag denken: »Es war vorher viel einfacher, mit ihm umzugehen. Ich mochte ihn lieber so, wie er war. Religion scheint ihm nicht zu liegen.« Wir dürfen uns nicht darum kümmern. Wir müssen mit unserem Kampf weitermachen, mit all seinen zeitweiligen Erniedrigungen, bis wir jene Selbstbeherrschung erreichen, jene auf einen Punkt gerichtete Konzentration, von der Patanjali spricht.

41. Genauso wie der klare Kristall die Farbe des Objekts annimmt, das ihm am nächsten ist, so erreicht der Geist, wenn er von Gedankenwellen frei ist, Gleichheit oder Identität mit dem Objekt seiner Konzentration. Dies kann entweder ein grobes Objekt sein oder das Organ der Wahrnehmung oder der Sinn des Ego. Dieses Erreichen von Gleichheit oder Identität mit dem Objekt der Konzentration ist als Samadhi bekannt.

Die verschiedenen Objekte der Konzentration, auf die hier hingewiesen wird, wurden schon im Kommentar zum Aphorismus 17 dieses Kapitels behandelt. Der Zustand des Yoga (welchen Patanjali jetzt mit seinem Fachbegriff, *Samadhi*, benennt) kann auf jeder der aufeinanderfolgenden Ebenen des Phänomens erreicht werden; wir können mit dem Äußeren der Objekte beginnen und zum innersten Innern der Individualität vordringen.

Es gibt deshalb verschiedene Arten von Samadhi, wie wir gleich sehen werden. Aber keine Art von Samadhi ist möglich, bis der Geist diese enorme Stärke der Konzentration erworben hat, welche die »Gleichheit oder die Identität« mit seinem Objekt erreichen kann. Wie wir beim Aphorismus 5 gesehen haben, können die Gedankenwellen im Geist nur beruhigt werden, indem man zuerst die vielen kleinen Wellen in einer großen Welle, einem einzigen Objekt der Konzentration, vereint.

In den Upanishaden finden wir diesen Prozeß in einer etwas anderen und vielleicht einfacheren Weise beschrieben. Wir werden angewiesen, uns auf ein Objekt, irgendein Objekt, zu konzentrieren und es als die innewohnende Realität, den Atman, anzusehen. Wenn wir an diesem Konzept festhalten und es nicht einen Moment loslassen, werden wir durch die äußeren Hüllen und die Erscheinung des Objektes bis zur inneren Natur seines Seins vordringen.

42. Wenn der Geist Identität mit einem groben Objekt der Konzentration erreicht, vermischt mit dem Bewußtsein von Name, Qualität und Wissen, so wird das Savitarka-Samadhi genannt.

43. Wenn der Geist Identität mit einem groben Objekt der Konzentration erreicht, unvermischt mit dem Bewußtsein von Name, Qualität und Wissen, so daß das Objekt allein übrigbleibt, so wird das Nirvitarka-Samadhi genannt.

Unser gesamtes gewöhnliches Bewußtsein ist laut Patanjali zusammengesetzt aus »Name«, »Qualität« und »Wissen«. Zum Beispiel, wenn wir einen Schreibtisch anschauen, sind wir uns bewußt (1) des Namens des Objektes (»Schreibtisch«), (2) der Qualität des Tisches (seine Größe, Form, Farbe, Material usw.) und (3) unseres eigenen Wissens über das Objekt (die Tatsache, daß wir es selbst sind, die es sehen). Durch intensive Konzentration können wir uns mit dem Schreibtisch identifizieren und doch noch eine Mischung aus »Name«, »Qualität« und »Wissen« im Geiste behalten. Dies ist die unterste Art von Samadhi, bekannt als *Savitarka*, das heißt »mit Überlegung«. Der Ausdruck Savitarka wird nur dann gebraucht, wenn das Objekt der Konzentration der Größenordnung der groben Elemente angehört, der äußersten Schicht der Erscheinungen.

Im Samadhi, welcher *Nirvitarka* (»ohne Überlegung«) genannt wird, erreichen wir eine höhere Stufe. Unser Zustandebringen der Identität mit dem Objekt der Konzentration ist jetzt nicht vermischt mit dem Bewußtsein von Name, Qualität und Wissen. Oder, um es anders auszudrücken, wir sind jetzt endlich fähig, die Gedankenwellen zu beruhigen, die unsere Reaktion auf das Objekt sind, und nichts anderes zu kennen als das Objekt selbst, wie es wirklich ist: »das Ding an sich«, um Kants berühmten Ausdruck zu gebrauchen. Kant behauptete zu Recht, daß das »Ding an sich« durch die Sinne oder den Verstand unmöglich erkannt werden könne, da die Sinne und die Überlegung uns nur ihre eigenen subjektiven Reaktionen unterbreiten können. »Es bleibt uns völlig unbekannt«, schrieb er, »was Objekte in sich selbst sein mögen und außerhalb der Empfänglichkeit unserer Sinne sind. Wir kennen nur unsere Art, sie zu sehen; da diese Art uns eigentümlich ist und nicht notwendigerweise von jedem Wesen geteilt wird ...« Kant, der keine Gültigkeit irgendeiner Erfahrung außer derjenigen unserer Sinne und des Verstandes anerkannte, war deshalb gezwungen anzunehmen, daß das »Ding an sich« nicht erfahrbar ist. Hier stimmt Patanjali nicht mit ihm überein. Patanjali sagt uns, daß es eine höhere Art von Wissen gibt, ein transzendentales Wissen, jenseits der Sinneserfahrung, wodurch das »Ding an sich« erkannt werden *kann.* Und dies ist selbstverständlich der grundlegende Anspruch, der von den praktizierenden Mystikern einer jeden Religion erhoben wird.

44. Wenn das Objekt der Konzentration ein feines Objekt ist, können zwei Arten von Samadhi, Savichara und Nirvichara genannt, in derselben Weise unterschieden werden.

Das heißt, wenn wir mit Objekten der Konzentration zu tun haben, die der Kategorie der subtilen oder essentiellen Phänomene angehören (siehe Aphorismus 17 dieses Kapitels), so müssen wir doch zwischen höherer und niederer Art von Samadhi unterscheiden. *Savichara* (»reflektierender«) Samadhi ist Samadhi auf ein subtiles Objekt, welcher mit dem Bewußtsein von Name, Qualität und Wissen vermischt ist. *Nirvichara* (»super-reflektierender«) Samadhi ist Samadhi auf ein subtiles Objekt, welcher nicht mit einem solchen Bewußtsein vermischt ist.

45. Hinter allen feinen Objekten befindet sich Prakriti, die primäre Ursache.

Wie wir schon beim Studium von Patanjalis Bild des Universums gesehen haben, ist Prakriti der elementare, undifferenzierte Stoff der Materie; die Energie, durch welche alle Phänomene projiziert werden. Sowie der meditative Geist sich nach innen wendet, dringt er durch die groben äußeren Hüllen der Dinge in ihre feine Essenz ein; jenseits dieser Essenz gelangt er zu Prakriti selbst.

Aber Prakriti ist nicht die allerletzte Realität. Hinter Prakriti ist Brahman. Die vier schon beschriebenen Arten von Samadhi gehören alle zum Bereich der Phänomene, und sie sind nur Vorbereitungen für jenen Zustand der direkten Vereinigung mit Brahman, welcher der höchste Samadhi überhaupt ist. In diesem Zusammenhang pflegte Ramakrishna ein Gleichnis zu erzählen:

Ein Schüler kam einmal zu einem Lehrer, um Meditation über Gott zu erlernen. Der Lehrer gab ihm Anweisungen, aber der Schüler kam bald wieder und sagte, daß er sie nicht ausführen könne; jedesmal, wenn er versuchte zu meditieren, fand er sich in Gedanken an seinen Lieblingsbüffel wieder. »Also dann«, sagte der Lehrer, »meditiere über deinen Büffel, den du so gerne hast.« Der Schüler schloß sich in seinem Zimmer ein und begann sich auf den Büffel zu konzentrieren. Nach ein paar Tagen klopfte der Lehrer an seine Tür, und der Schüler antwortete: »Herr, es tut mir leid, daß ich nicht herauskommen kann, um Euch zu begrüßen. Diese Tür ist zu klein. Meine Hörner werden im Wege sein.« Da lächelte der

Lehrer und sagte: »Wunderbar! Du bist mit dem Objekt der Konzentration identifiziert. Jetzt fixiere diese Konzentration auf Gott, und du wirst mit Leichtigkeit Erfolg haben.«

46. Man sagt, daß diese Arten von Samadhi »mit Samen« sind.

Das heißt, Samen von Wunsch und Bindung werden weiterhin im Geiste bleiben, obschon perfekte Konzentration erreicht wurde. Und diese Wunsch-Samen sind gefährlich, wie wir in der Betrachtung des Schicksals jener gesehen haben, welche sich ohne Nicht-Haftung konzentrieren (Aphorismus 19 dieses Kapitels). Die Befreiung steht jedoch nun kurz bevor. Der Aspirant hat jetzt schon solche Höhen erreicht, daß es unwahrscheinlich ist, daß er in Knechtschaft zurückfallen wird.

47. Wenn der Geist Nirvichara-Samadhi erreicht, wird er rein.

48. In diesem Samadhi wird das Wissen als »von Wahrheit erfüllt« angesehen.

49. Das Wissen, das aus der Schlußfolgerung und dem Studium der Schriften gewonnen wird, ist eine Art von Wissen. Aber das Wissen, das durch Samadhi gewonnen wird, ist von einer viel höheren Art. Es liegt jenseits von Schlußfolgerung und Schriften.

Hier beschreibt Pantanjali zwei Arten von Wissen: Wissen, das durch die Vermittlung der Sinne und des Verstandes erreicht wird, und Wissen, das durch direkte, überbewußte Erfahrung erlangt wird. Gewöhnliches Wissen kommt zu uns auf dem Wege der Sinneswahrnehmung und der Interpretation der Wahrnehmungen durch unseren Verstand. Gewöhnliches Wissen ist deshalb notwendigerweise auf »gewöhnliche Objekte« beschränkt; das heißt, auf die Art von Phänomenen, welche im Bereich unserer Sinneswahrnehmungen liegen. Wenn gewöhnliches Wissen mit dem Außergewöhnlichen umzugehen versucht, wird seine Unfähigkeit sofort offenbar. Zum Beispiel haben wir verschiedene Bücher und Schriften, die uns über die Existenz Gottes berichten. Wir mögen diese Bücher lesen und ihre Lehren annehmen – bis zu einem gewissen Punkt. Aber wir können nicht behaupten, Gott zu kennen, weil wir sie gelesen haben. Alles was wir sagen können, ist, daß diese Schriften von Menschen geschrieben wurden, die behaupteten, Gott zu kennen.

Weshalb sollen wir ihnen glauben? Richtig, unser Verstand mag uns suggerieren, daß die Autoren der Schriften wahrscheinlich ehrlich und zuverlässig waren, nicht selbstgetäuscht oder wahnsinnig, und daß wir deshalb geneigt sein sollten, das zu glauben, was sie uns erzählen. Aber ein solcher Glaube kann nur partiell und provisorisch sein. Er ist sehr unbefriedigend. Er ist sicherlich nicht Wissen. So haben wir jetzt zwei Alternativen. Entweder müssen wir beschließen, daß es nur eine Art von Wissen gibt, begrenzt auf die Objekte der Sinneskontakte, und uns so, was die Lehren der Schriften anbelangt, mit einem dauernden Agnostizismus abfinden. Oder wir müssen die Möglichkeit einer anderen, einer höheren Art von Wissen annehmen, welches übersinnlich und deshalb fähig ist, die Wahrheit dieser Lehren durch direkte Erfahrung zu bestätigen. So ist das Wissen, das durch Samadhi erlangt wird. Und jeder von uns muß es für sich selbst finden.

»Realisation«, sagte Swami Vivekananda, »ist wahre Religion, der ganze Rest ist nur Vorbereitung – Vorlesungen hören oder Bücher lesen oder überlegen heißt nur, den Boden vorbereiten; es ist nicht Religion. Intellektuelles Einverständnis oder intellektuelle Meinungsverschiedenheit sind nicht Religion. »Religion ist, in der Tat, eine strikt praktische und empirische Art von Forschung. Du nimmst nichts an aus Vertrauen. Du akzeptierst nur deine eigene Erfahrung. Du gehst vorwärts, Schritt für Schritt, wie ein Forscher im Urwald, um zu sehen, was du finden wirst. Alles was Patanjali oder sonst jemand für dich tun kann, ist, dich anzuspornen, die Forschungsreise zu versuchen, und dir verschiedene generelle Tips und Warnungen zu geben, welche dir auf deinem Wege hilfreich sein können.

Patanjali sagt uns, daß im Zustand des Nirvichara-Samadhi das Gemüt »rein« und »erfüllt von Wahrheit« wird. Der Geist wird als rein angesehen, weil in diesem Zustand alle kleinen Gedankenwellen von einer großen Welle der Konzentration auf ein einzelnes Objekt geschluckt wurden. Es ist wahr, daß »Samen« der Bindung noch immer in dieser Welle existieren, aber nur in einem Zustand der in der Schwebe gehaltenen Bewegung. Im Moment zumindest können sie keinen Schaden anrichten, und es ist sehr unwahrscheinlich, daß sie irgendwann wieder fruchtbar werden, da es, weil wir so weit fortgeschritten sind, vergleichsweise leicht ist, den letzten Schritt zu tun, welcher ihre Zerstörung verursachen wird.

Im Nirvichara-Samadhi wird der Geist als von Wahrheit erfüllt angesehen, weil er jetzt direkt übersinnliches Wissen erfährt. Diejenigen, die über ein gewähltes Ideal oder eine spirituelle Persönlichkeit meditiert haben, erleben direkten Kontakt mit dieser Persönlichkeit nicht länger als etwas subjektiv Eingebildetes, sondern als etwas objektiv Erkanntes. Wenn ihr über Krishna, über Christus oder Ramakrishna meditiert und versucht habt, einen von ihnen in eurer Vorstellung darzustellen, so werdet ihr finden, daß euer Bild sich in der Realität einer lebendigen Gegenwart auflöst. Und indem ihr diese Präsenz kennenlernt, werdet ihr sehen, daß euer Bild davon nicht perfekt war und verschieden vom lebendigen Original. Diejenigen, die diese Erfahrung hatten, verglichen sie mit der Wirkung eines Magneten. In den Vorstufen der Meditation scheint die Anstrengung ganz von euch selbst zu kommen; ihr zwingt euren Geist dauernd, auf sein Objekt gerichtet zu sein. Aber jetzt werdet ihr euch einer äußeren Kraft bewußt, einer magnetischen Kraft der Anziehung, welche euren Geist in die gewünschte Richtung zieht, so daß die Anstrengung nicht mehr die eure ist. Das ist es, was als Gnade bekannt ist.

Wie können wir sicher sein, daß die Offenbarungen, welche wir im Samadhi erhalten, auch authentische Offenbarungen sind und nicht eine Form von Selbsttäuschung oder Selbsthypnose? Der gesunde Menschenverstand schlägt verschiedene Tests vor.

Zum Beispiel ist es selbstverständlich, daß das Wissen, das so erlangt wird, nicht dem Wissen widerspricht, das schon von anderen erreicht wurde; es gibt viele Wissende, aber nur eine Wahrheit. Es ist des weiteren klar, daß dieses Wissen etwas ist, das nicht durch andere Mittel erlangt werden kann – nicht erreichbar, sozusagen, durch unsere normale Sinneserfahrung. Und schlußendlich muß diese Offenbarung eine vollständige Erneuerung des Geistes und eine Veränderung des Charakters mit sich bringen. »Das richtige Verhältnis zwischen Gebet und Betragen«, schrieb Erzbischof Temple, »ist nicht, daß das Betragen extrem wichtig ist und das Gebet helfen möge, sondern, daß das Gebet extrem wichtig ist und das Betragen es testet. Und wenn dies in den Anfangsstadien des spirituellen Lebens wahr ist, sollte es sogar noch eindrucksvoller im endgültigen, vereinigenden Zustand des Samadhi demonstriert werden. Indem ein Mensch ihn erreicht, wird er ein Heiliger. Denn, wie Patanjali sagt:

50. Der Eindruck, der durch diesen Samadhi auf den Geist gemacht wird, vernichtet alle anderen vergangenen Eindrücke.

Und jetzt fährt er fort, wie man den letzten Schritt zur vollständigen Vereinigung mit Brahman macht:

51. Wenn der Eindruck, der durch diesen Samadhi hervorgerufen wird, auch ausgelöscht ist, so daß überhaupt keine anderen Gedankenwellen mehr im Geiste sind, dann tritt man in denjenigen Samadhi ein, der »samenlos« genannt wird.

Es ist schon erklärt worden, daß Samadhi erlangt wird, indem man ein Objekt, eine große Welle der Konzentration, im Geist erhebt, wodurch alle anderen Gedankenwellen, alle Samskaras oder vergangenen Eindrücke verschlungen werden. Aber jetzt muß auch noch diese eine Welle beruhigt werden. Wenn sie sich gelegt hat, gehen wir in den höchsten Samadhi von allen ein, welcher im Vedanta-System der Philosophie *Nirvikalpa* genannt wird. Nirvikalpa-Samadhi wird als samenlos angesehen, weil es nichts als reines, undifferenziertes Bewußtsein ist; es enthält überhaupt keine phänomenalen Eindrücke, keine Samen von Wunsch und Verhaftetsein. Brahman ist kein »Objekt der Konzentration«; in Brahman gibt es weder einen Wissenden noch ein Gewußtes. Brahman ist, wie wir gesehen haben, reines, undifferenziertes Bewußtsein; und so bist du im Nirvikalpa-Samadhi nicht länger du selbst, du bist wortwörtlich eins mit Brahman, du gehst in die wahre Natur des augenscheinlichen Universums und in all seine Formen und Wesen ein.

Es ist schwierig, Patanjali in solche Höhen zu folgen, wenn auch nur theoretisch; und vielleicht wird es hilfreich sein, ehe wir dieses Kapitel abschließen, nochmal zum Anfang zurückzukehren und zu versuchen, das, was er uns gelehrt hat, in einer etwas einfacheren und weniger technischen Weise zusammenzufassen.

Wir müssen anfangen, indem wir den Geist darin üben, sich zu konzentrieren, aber Patanjali hat uns gewarnt, daß diese Praxis der Konzentration von Nicht-Haftung begleitet sein muß; sonst werden wir Schwierigkeiten bekommen. Wenn wir versuchen, uns zu konzentrieren, während wir an den Dingen dieser Welt haften, werden wir entweder ganz versagen, oder unsere neu errungenen Kräfte der Konzentration werden uns in große Gefahr bringen, da wir sie unausbleiblich für selbstsüchtige, unspirituelle Zwecke mißbrauchen werden. Unsere eigene Epoche ist Zeuge einer erschrekkenden Demonstration der Konsequenzen dieser zweiten Alternative. Der Mensch des zwanzigsten Jahrhunderts hat sich auf die Wissenschaft und Technik konzentriert, ohne seine Bindung an nationalistische Macht zu verlernen; und so besitzt er das Geheimnis der Atomenergie – ein Geheimnis, das in den richtigen Händen harmlos und für alle nützlich wäre, aber das ihn in seinem jetzigen sündhaften Zustand vernichten kann.

Die Gefahr, wie viele unserer ernsthafteren Denker aufgezeigt haben, liegt nicht in der Spaltung des Atoms, sie liegt im menschlichen Geist.

Welches ist die einfachste Art und Weise, Nicht-Haftung an Wünsche, Objekte und Ambitionen dieser Welt zu erlangen? Wir müssen beginnen, Bindung an das höchste Objekt, das wir uns vorstellen können, an Gott selbst, zu pflegen. Wir können das zuerst auf niedrigster Ebene tun, der Ebene der groben Phänomene. Nehmen wir einen großen spirituellen Lehrer, einen Christus, einen Ramakrishna, oder einen bedeutenden Heiligen irgendeines Landes oder einer Religion. Diese Menschen lebten in menschlicher Gestalt wirklich auf dieser Welt. Ihr könnt über ihr Leben nachlesen. Ihr könnt ihnen als menschliche Wesen nahekommen. Es ist leicht, in Liebe zu ihnen zu wachsen, sich zu wünschen, wie sie zu werden, zu versuchen, ihnen zu dienen, und die Botschaft zu verbreiten, indem ihr euer Leben auf sie ausrichtet.

Durch diesen Dienst und diese Liebe ergibt sich Nicht-Haftung an andere, geringere Liebe und Objekte ganz von selbst. Es ist nicht so, daß wir gleichgültig gegenüber anderen Menschen oder unserem eigenen Werk und unseren Pflichten werden. Aber unsere Liebe zu anderen ist in unserer Liebe zu unserem Ideal enthalten; sie hört auf, exklusiv und besitzergreifend zu sein. Und unsere Arbeit, weil sie jetzt als Dienst an unserem Ideal geleistet wird, bekommt eine neue Bedeutung; wir werden mehr Begeisterung denn je dafür aufbringen.

Durch Verehrung unseres idealen Lehrers und durch Meditation über sein Leben werden wir stufenweise zu einem Verständnis der Seele im Menschen kommen; und so schreiten wir von der Ebene der groben Phänomene zur subtilen oder spirituellen Ebene. Wir werden Christus oder Ramakrishna nicht länger als menschliche Wesen in der Zeit bewundern, sondern sie als ewige, spirituelle Wesen verehren. Wir werden sie in ihrem göttlichen Aspekt kennenlernen. Das ist die zweite Stufe.

Es gibt aber noch eine dritte Stufe, eine dritte Ebene des Bewußtseins. Hinter Christus, hinter Ramakrishna, hinter irgendeiner Vorstellung eines persönlichen Gottes ist nämlich Brahman, die Grundlage, die zentrale Realität, deren partielle, individuelle Projektionen diese Personen sind. Wenn wir mit Brahman vereint werden, sind wir mit dem vereint, was in Christus manifestiert und in unserem sündigen Selbst versteckt war, was aber ewig gegenwärtig in uns allen ist. Und diese Vereinigung ist der Zustand des Nirvikalpa-Samadhi.

Die niederen Stadien des Samadhi enthalten alle eine Spur des Gefühls der Dualität; es bin immer noch »ich«, der über »mein« Ideal meditiert; es gibt eine Trennung zwischen uns. Und es ist ganz natürlich, daß sogar die großen Heiligen es schmerzhaft finden, diese intensive, persönliche Liebe zu ihrem Ideal aufzugeben, um die endgültige, unpersönliche Vereinigung zu erlangen. In der Beschreibung, wie er zuerst Nirvikalpa-Samadhi erreicht hat, sagte Ramakrishna: »Jedesmal wenn ich meinen Geist sammelte, war ich von Angesicht zu Angesicht mit der glückseligen Form der Göttlichen Mutter. Sosehr ich auch meinen Geist vom Bewußtsein der Mutter zu befreien versuchte, ich hatte nicht die Kraft, darüber hinauszugehen. Aber zuletzt, indem ich die ganze Stärke meines Willens zusammennahm, zerschlug ich die Form der Mutter mit dem Schwert der Unterscheidung in Stücke, und sofort wurde mein Geist ›samenlos‹, und ich erreichte Nirvikalpa.

Es war jenseits aller Beschreibung.« Nirvikalpa-Samadhi wurde von Shankara folgendermaßen beschrieben:

> Es existiert ein dauerndes Bewußtsein der Einheit von Atman und Brahman. Es gibt keine Identifikation des Atman mit seinen Hüllen mehr. Jedes Gefühl der Dualität ist getilgt. Es ist reines, vereinigtes Bewußtsein. Von dem Menschen, der fest in diesem Bewußtsein gegründet ist, wird gesagt, er sei erleuchtet.
>
> Man sagt, daß ein Mensch sogar in diesem Leben frei sei, wenn er in Erleuchtung gegründet ist. Seine Glückseligkeit ist unendlich. Er vergißt fast diese Welt der Erscheinungen.
>
> Obschon sein Geist in Brahman aufgelöst ist, ist er ganz wach, frei von der Unwissenheit des Wach-Lebens. Er ist ganz bewußt, aber frei von irgendeiner Begierde. Von einem solchen Menschen sagt man, er sei schon in diesem Leben frei.
>
> Für ihn sind die Leiden dieser Welt vorüber. Obschon er einen endlichen Körper hat, bleibt er mit dem Unendlichen verbunden. Sein Herz kennt keine Unruhe. Von einem solchen Menschen sagt man, er sei schon in diesem Leben frei.

Wenn Nirvikalpa-Samadhi einmal erlangt wurde, ist es dem Heiligen möglich, oftmals in ihn hinein und aus ihm heraus zu gehen, wie es bei Ramakrishna der Fall war. Während er im Nirvikalpa war, erfuhr er die Vereinigung mit dem unpersönlichen Brahman. Aber wenn er zum normalen Bewußtsein zurückkehrte, sprach er über Gott in dem Aspekt der Göttlichen Mutter, seinem gewählten Ideal. Die Mutter verlor nicht ihre Wirklichkeit für ihn, weil er Brahman gekannt hatte. Es ist wichtig, sich daran zu erinnern, denn in unserer Sprache wird das Wort »wirklich« vage und beliebig benutzt, und es kann zu Verwirrungen führen. Wenn wir sagen, daß Brahman allein wirklich ist, meinen wir damit nicht, daß alles andere eine Illusion sei, sondern eher, daß Brahman allein fundamental und allgegenwärtig ist. Die Aspekte Gottes, die göttlichen Inkarnationen, haben ihre eigene relative Ordnung der Realität; und so auch die feinen und groben Objekte. Die Materialisten – diejenigen, die sich als »mit beiden Beinen auf dem Boden der Tatsachen« bezeichnen – sind diejenigen, die in einer unwirklichen Welt leben, da sie sich selbst auf die Ebene der groben Sinneswahrnehmungen beschränken. Aber die Wahrnehmung eines erleuchteten Heiligen reicht über die ganze Skala, vom Groben zum Feinen, und vom Feinen zum Absoluten; und nur er kennt die wahre Natur dieses Universums.

Kapitel II
Yoga und seine Praxis

1. Askese, Studium und die Widmung der Früchte seiner Arbeit an Gott, dies sind die Vorstufen zum Yoga.

War das erste Kapitel seiner Aphorismen den Zielen des Yoga gewidmet, so beginnt Patanjali nun ein Kapitel über dessen Praxis. Diese Vorstufen zum Yoga sind zusammengefaßt als *Kriya-Yoga* bekannt, was wortwörtlich »Arbeit zum Yoga hin« heißt. Die drei Worte, die in dieser Übersetzung gebraucht werden – Askese[14], Studium und Widmung – erklären sich nicht ganz von selbst; ihre Sanskrit-Entsprechungen haben einen etwas anderen Bezugs-Hintergrund.

Und so wird es nötig sein, jeden der Reihe nach ausführlich zu behandeln. Das englische (deutsche) Wort »Askese« hat einen dogmatischen Klang, ebenso wie seine beiden Alternativen »Kasteiung« und »Disziplin«. Disziplin suggeriert den meisten von uns einen Feldwebel vom Drill; Kasteiung einen gräßlichen Brand; Askese einen Minister im Kabinett, welcher der Öffentlichkeit sagt, sie solle weniger Butter essen. Der Puritanismus, der unsere Sprache so stark beeinflußt hat, vermischt sich hier, wie schon so oft, mit unserem Verständnis des indischen Denkens. Das Sanskrit-Wort, das Patanjali in diesem Aphorismus gebraucht, ist *Tapas,* was ursprünglich bedeutet: »das, was Hitze oder Energie erzeugt«. Tapas ist die Praxis, Energie zu bewahren und sie zum Ziel des Yoga zu dirigieren, zur Vereinigung mit dem Atman.

Offensichtlich müssen wir, um dies zu tun, Selbstdisziplin üben; wir müssen unsere physischen Gelüste und Leiden-

14 Anm. d. Ü.: Andere deutsche Übersetzungsmöglichkeiten sind : Enthaltsamkeit, Strenge, Mäßigung, Einschränkung. Keine trifft jedoch den Kern der Sache.

schaften kontrollieren. Aber was an den drei obengenannten deutschen Wörtern psychologisch in die Irre führt, ist, daß sie alle den verbitterten, negativen Aspekt der Selbstdisziplin haben anstatt seinen freudigen, positiven Aspekt; die höchste Leistung, die durch Disziplin ermöglicht wird.

Den negativen Aspekt der Selbstdisziplin zu betonen heißt, zur großen Menge indirekter Propaganda beizutragen, welche in unserer Gesellschaft gegen das spirituelle Leben betrieben wird. Die meisten Menschen, wenn sie über die Disziplin und Askese eines Mönches reden, tun das mit Ehrfurcht und einem gewissen Unbehagen, sie finden eine solche Lebensweise unnatürlich. Und doch finden dieselben Leute es weder unnatürlich noch ehrfurchtgebietend, wenn ein junger Mensch sich genau solchen drastischen Maßnahmen unterwirft, um für einen Boxkampf oder ein Rennen zu trainieren. Das kommt daher, weil jeder versteht, weshalb man einen Boxkampf gewinnen will. Weshalb man Gott finden soll, ist viel weniger einleuchtend. Askese um der Askese willen degeneriert leicht zu einem perversen Kult der Selbstfolterung; und dies ist eine andere Gefahr – daß das Ziel durch eine überbetonte Kultivierung der Mittel vergessen wird. Im Osten wie im Westen finden wir viele Exponenten solcher Praktiken, mit ihren härenen Hemden, geknüpften Peitschen und Nägelbetten. In der Bhagavad-Gita verurteilt Sri Krishna sie ausdrücklich: »Ihr sollt wissen, daß diese Menschen von dämonischer Natur sind, die ihren Körper exzessiv quälen, auf eine Weise, wie sie nicht von den Schriften vorgeschrieben ist. Sie tun dies, weil ihre Lust und Bindung an die Sinnesobjekte sie mit Egotismus und Eitelkeit erfüllt hat. In ihrer Dummheit schwächen sie alle ihre Sinnesorgane und vergehen sich an mir, dem Bewohner des Körpers.«

Wie Buddha, so rät auch Sri Krishna zur Mäßigung: »Yoga ist weder für den Menschen, der zuviel ißt, noch für den, der exzessiv fastet. Er ist nicht für den, der zuviel schläft, oder für den, der übertrieben lange wach bleibt. Der Mensch soll mäßig in seinem Essen und seiner Erholung sein, mäßig aktiv, mäßig in seinem Schlaf und in seiner Wachheit.«

Und an anderer Stelle der Gita sind die drei Arten wahrer Askese definiert: »Ehrerbietung für die heiligen Geister, die Seher, die Lehrer und die Weisen; Aufrichtigkeit, Harmlosigkeit, physische Sauberkeit und sexuelle Reinheit – dies sind die Tugenden, deren Ausübung Askese des Körpers genannt wird. Sprechen, ohne je den anderen Schmerz zuzufügen, wahrhaftig sein, immer das sagen, was gütig und förderlich ist, und regelmäßig die Schriften studieren – diese Praxis wird Askese der Sprache genannt. Die Praxis der Heiterkeit, der Sympathie, der Meditation über den Atman, das Zurückziehen des Geistes von den Sinnesobjekten, die Reinheit der Beweggründe wird die Askese des Geistes genannt.«

Wahre Askese, im indischen Verständnis des Wortes, ist kein Prozeß fanatischer Selbstbestrafung, sondern ruhige und gesunde Selbstkontrolle. Der Körper soll nicht brutal geschlagen und verletzt werden. Er soll fest, aber rücksichtsvoll gehandhabt werden, so wie ein Mann ein Pferd behandelt. Dies ist das Bild, das der Autor der Katha Upanishad gebraucht: »Die Sinne, sagt der Weise, sind wie die Pferde; die Wege, die sie traben, sind das Labyrinth der Wünsche ... Wenn es einem Menschen an Unterscheidungsfähigkeit mangelt und sein Geist unkontrolliert ist, sind seine Sinne unfügsam, wie die störrischen Pferde eines Wagenlenkers. Aber wenn ein Mensch Unterscheidungsfähigkeit besitzt und sein Geist kontrolliert ist, gehorchen seine Sinne, wie die durchtrainierten Pferde eines Wagenlenkers, mit Leichtigkeit den Zügeln ... Der Mensch, der einen gesunden Verstand als Wagenlenker hat und einen kontrollierten Geist als Zügel – er ist es, der das Ziel der Reise erreicht.«

Die Praxis der Askese – im Sinne des Sanskrit-Wortes »Tapas« – kann auch die regelmäßige Ausübung ritueller Verehrung einschließen. Aber in dieser Hinsicht ist es wichtig, zwischen der christlichen und der hinduistischen Auffassung des Rituals zu unterscheiden.

Wenn man die Quäker, welche das Ritual ganz ablehnen, außer acht läßt sowie verschiedene andere protestantische Sekten, die seine Bedeutung auf ein Minimum beschränken, so kann man sagen, daß die Christen ihre verschiedenen rituellen Handlungen als Sakramente ansehen – das heißt, als wirklich nützliche und absolut notwendige Handlungen. Da sie Sakramente sind, können sie nur von vorschriftsmäßig geweihten Priestern ausgeführt werden. Die Beteiligung daran wird, zumindest bei den Katholiken, als grundlegend für die spirituelle Gesundheit und Erlösung angesehen.

Für die Hindus andererseits sind die rituellen Handlungen einfach Zeichen der Verehrung und Hilfe zur Meditation, welche, wenn nötig, von jedermann zu Hause vollzogen werden können. Sie sind sehr wertvolle Hilfen, besonders für den Anfänger – aber sie sind keineswegs unentbehrlich. Wenn du willst, kannst du dich Gott auf anderen Wegen nähern. Viel hängt vom Temperament des individuellen Anhängers ab. Kein indischer Lehrer würde erwarten, daß *alle* seine Schüler diese Methode praktizieren.

Das hinduistische Ritual, welches am ehesten der Messe oder dem Abendmahl des Herrn entspricht, ist extrem ausgearbeitet, und seine Ausführung verlangt fast ununterbrochene Aufmerksamkeit. Deshalb ist es eine ausgezeichnete Übung für den Anfänger. Jede der aufeinanderfolgenden Handlungen erinnert den Geist an den Gedanken hinter der Handlung. Man ist zu beschäftigt, um an irgend etwas anderes zu denken. Gedanke und Handlung, Handlung und Gedanke bilden eine kontinuierliche Kette; und es ist erstaunlich, welchen vergleichsweise hohen Grad an Konzentration man erreichen kann, sogar schon von Anfang an. Auch gibt das Ritual dir das Gefühl, Gott in einer bescheidenen, aber sehr direkten und intimen Weise zu dienen.

»Es ist von entscheidender Bedeutung«, sagte Swami Brahmananda[15], »daß ein Mensch seine spirituelle Reise dort beginnt, wo er ist. Wenn ein durchschnittlicher Mensch gelehrt

15 Anm. d. Ü.: Swami Brahmananda war ein Schüler des Sri Ramakrishna. Er wurde als sein spiritueller Sohn angesehen. Swami Prabhavananda, der Übersetzer der Yoga-Sutras des Patanjali, war sein direkter Schüler. Eine höchst inspirierende Biographie erschien unter dem Titel: *The Eternal Companion*, Vedanta Press, Ramakrishna Vedanta Centre.

wird, über seine Vereinigung mit dem absoluten Brahman zu meditieren, wird er es nicht verstehen. Er wird weder die Wahrheit davon erfassen, noch wird er fähig sein, den Anleitungen zu folgen ... Wenn hingegen derselbe Mensch gebeten wird, Gott mit Blumen, Weihrauch und anderen Hilfsmitteln der rituellen Verehrung anzubeten, wird sein Geist nach und nach auf Gott konzentriert werden, und er wird Freude an seiner Verehrung finden.«

»Studium« bedeutet im Kontext dieses Aphorismus Studium der Schriften und anderer Bücher, die sich mit dem spirituellen Leben befassen. Das Wort bezieht sich auch auf die Praxis von Japa, die Wiederholung von Gottes Namen (siehe Kapitel I, Aphorismus 28).

Die Widmung der Früchte der eigenen Arbeit an Gott ist eine spirituelle Übung von großer Bedeutung, besonders für diejenigen, die durch ihre Pflichten gezwungen sind, ein sehr aktives Leben zu führen. Sie ist als *Karma-Yoga* bekannt: der Weg zur Vereinigung mit Gott durch die Ausübung Gott gewidmeter Handlungen. Indem er Karma-Yoga befolgt, wird das ganze Leben eines Anhängers zu einem nicht-endenden Ritual; da jede Handlung als eine Zueignung an Gott vollbracht wird und nicht in der Hoffnung, persönlichen Gewinn oder Vorteil zu erlangen. Unnötig zu sagen, daß Handlungen in diesem Geiste »richtige« Handlungen sein müssen – wir dürfen Gott nie eine Handlung weihen, welche uns zu diesem bestimmten Moment und auf dieser Stufe unserer Entwicklung als falsch erscheint. Und wir müssen immer arbeiten, so gut wir nur können; wir erlauben uns nicht, nur unser Zweitbestes anzubieten.

Die Früchte seiner Arbeit Gott darbringen heißt, mit Nicht-Haftung zu arbeiten. Wenn wir das Beste getan haben, was wir können, sollten wir nicht verzweifeln, wenn unser Werk enttäuschende Resultate hat, wenn es scharf kritisiert oder vollständig mißachtet wird. Gleichzeitig dürfen wir nicht dem Stolz und der selbstbeschaulichen Eitelkeit freien Lauf lassen, wenn unser Werk erfolgreich ist und öffentliches Lob erhält. Nur wir können wissen, ob wir unser Bestes getan haben, und dieses Wissen ist unsere einzige legitime Belohnung.

Alle Männer und Frauen von wahrer Größe und persönlicher Integrität tun ihre Pflicht in diesem Geist – sogar wenn sie erklärte Atheisten sein mögen –, nur weil es ihre Pflicht ist. Aber wenn es ihnen an Verehrung für Gott fehlt – wenn ihr ideales Ziel innerhalb der Zeit und der materiellen Welt liegt –, wird es ihnen fast unmöglich sein, nicht zu verzweifeln, wenn sie sehen, daß ihre gute Sache offenbar besiegt und ihre Lebensarbeit zunichte wurde. Nur der Anhänger des Karma-Yoga verzweifelt nie, weil nur er zur vollständigen Nicht-Haftung an die Früchte seiner Handlung fähig ist. Es wurde bereits gesagt, und es muß immer wiederholt werden, daß Nicht-Haftung nicht Gleichgültigkeit ist; es hat nichts mit Fatalismus zu tun. Der Fatalist ist zwangsläufig faul in seiner Arbeit. Was spielt es für eine Rolle, ob er hart arbeitet oder nicht – was kommen muß, wird sowieso kommen. Diejenigen Kritiker – und es gibt viele –, welche die indische Philosophie als »fatalistisch« abtun, zeigen somit, daß sie den Geist des Karma-Yoga überhaupt nicht verstanden haben. Die Haltung des Fatalisten gegenüber den Resultaten seiner Arbeit ist keine Nicht-Haftung; es ist Gleichgültigkeit, aus Schwäche, Trägheit und Feigheit geboren. Wenn er durch irgendeinen Glückstreffer ein bißchen unverdienten Erfolg hat, wird sein Fatalismus im Nu verschwinden. Im Gegenteil, wir werden ihn aller Welt verkünden hören, wie hart er für sein Ziel gearbeitet hat und wie verdient er es errungen hat.

2. So können wir die Kraft der Konzentration pflegen und die Hindernisse zur Erleuchtung beseitigen, welche all unsere Leiden verursachen.

3. Die Hindernisse – die Ursachen der menschlichen Leiden – sind Unwissenheit, Egoismus, Haftung, Abneigung und der Wunsch, am Leben zu hängen.

4. Unwissenheit verursacht all die anderen Hindernisse. Diese können entweder in potentieller oder schwacher Form existieren, oder sie können zeitweise überwunden werden oder voll entwickelt sein.

Askese, Studium und die Widmung der Früchte seiner Arbeit an Gott sind, wie wir im vorhergehenden Aphorismus gesehen haben, die drei Vorstufen zur Stärke der Konzentration, welche den Zustand des perfekten Yoga möglich macht. Das ist ihr positiver Wert. Aber sie haben auch einen negativen Wert, der genauso wichtig ist. Sie sind die Mittel, um die Hindernisse zur Konzentration und der Erleuchtung zu entfernen, welche in unserem Geist existieren.

Das Wort »Hindernis« ist eine Betrachtung wert, da es auf eine Differenz in der Betonung hindeutet, welche das indische Denken vom christlichen unterscheidet. Wenn ein Christ von »Sünde« spricht, meint er generell einen positiven Akt des Ungehorsams und Undankbarkeit gegenüber Gott – und mit »Gott« meint er Gott den Vater, die Realität, wie sie sich in Zeit und Raum im Aspekt der Eltern und des Schöpfers des Universums zeigt, den die Hindus Ishwara nennen (siehe Kapitel I, Aphorismus 23). Wenn Patanjali von einem »Hindernis« spricht, bezieht er sich mehr auf die negative Wirkung, die einer solchen Handlung folgt – die wirbelnde Staubwolke der Unwissenheit, die sich erhebt und das Licht des Atman in uns verdunkelt. Das heißt, das christliche Denken betont die Beleidigung gegenüber Ishwara, der von uns verschieden ist, während das indische Denken die Beleidigung unserer eigenen wahren Natur betont, die der Atman ist.

Der Unterschied ist nicht grundlegend, aber er ist wichtig. Der Wert der christlichen Annäherung ist, daß sie unseren Sinn für die Bedeutung und den Grad der Sünde erhöht, indem sie auf ein Wesen bezogen wird, das zu lieben und ihm zu gehorchen wir allen Grund haben, unseren Schöpfer und Vater. Der Wert der indischen Annäherung ist, daß sie die Folgen der Sünde in ihrem höchsten Aspekt zeigt, der einfach Entfremdung von der Realität in uns ist.

Beide Annäherungen haben selbstverständlich ihre charakteristischen Gefahren, wenn sie nicht richtig verstanden werden. Die Gefahr der indischen Annäherung liegt in unserer psychologischen Unfähigkeit, sich den Atman in einer Weise vorzustellen, wie wir alle uns mehr oder weniger den Ishwara vorstellen. Es ist leicht, Reue über eine Beleidigung gegenüber Ishwara zu empfinden und zu beschließen, zumindest im Moment, sie nicht zu wiederholen. Aber die Beleidigung, Hindernisse gegen den erleuchtenden Atman zu errichten, ist nicht so direkt evident, weil wir dauernd in den Irrtum zurückgleiten, den Atman mit dem Ego zu identifizieren. Zum Beispiel sagen wir gütig und fast billigend von einem Gewohnheitstrinker oder einem Drogensüchtigen: »Er war doch nur sein eigener Feind« und realisieren nicht, welch ein tragischer Blödsinn diese Behauptung ist. Gelegentlich kommt ein Gefühl der Entfremdung vom Grund und Zufluchtsort unseres Wesens auf, in einer riesigen Welle von Erbärmlichkeit. (»Wie weit bist Du von mir«, schrie ein großer Heiliger, »der ich so nahe bei Dir bin!«) Der Hindu muß deshalb aufpassen, daß er seine Sünden nicht zu leicht nimmt, indem er in einen bequemen Optimismus verfällt, welcher auf der Lehre der Reinkarnation basiert. Er muß sich in acht nehmen zu denken: »Schließlich bin ich wirklich der Atman, und ich habe Millionen Leben vor mir – so viele ich will. Ich werde früher oder später schon meine wahre Natur kennenlernen. Was soll die Hast?« Dies ist die Haltung, die Augustinus in seinen *Bekenntnissen* verurteilt: »Ich armseliger junger Mann habe Dich um Keuschheit ersucht und gesagt: ›Verleih mir Keuschheit und Enthaltsamkeit – aber noch nicht jetzt.‹«

Die Gefahr der christlichen Annäherung ist genau entgegengesetzt. Das Christentum, welches vorwiegend dualistisch ist, betont die Wichtigkeit von Ishwara und vermindert die Realität des darunterliegenden, innewohnenden Atman, von dem Ishwara eine Projektion ist. Der Wert solch dualistischen Denkens ist, daß es uns die Verehrung Gottes lehrt; seine Gefahr liegt darin, daß es uns zu übertriebener Selbstverabscheuung und ohnmächtiger Verzweiflung neigen läßt. Christus ist so rein und so gut – und wir sind verdorben und hoffnungslose Sünder. Und so fallen wir in den tiefsten Zustand des Egoismus zurück, indem wir uns mit unserer eigenen Schwäche identifizieren und indem wir fühlen, daß wir ihr nicht entfliehen können. Wir wälzen uns in einem passiven Schlammbad von Schuld, unsere göttliche Natur vergessend und die Verpflichtung, die sie uns auferlegt, uns um Selbsterkenntnis zu bemühen. Hier kann Patanjali dem sündenbesessenen Christen helfen. Denn sein Wort »Hindernis« ist ein gutes, korrektes, unsentimentales Wort, welches sofort die Richtung positiver Handlung suggeriert. Man legt sich nicht unter Hindernisse und bedauert sich selbst. Man beginnt daran zu arbeiten, sie zu entfernen. Der Gebrauch des Wortes »Sünde« ist auch aus folgendem Grund irreführend: Sünde ist nur eine Hälfte eines Konzeptes; es muß mit Bestrafung vervollständigt werden. Dies ist mißlich, weil in der relativen Welt viele Sünden anscheinend unbestraft bleiben. Daher entsteht der tödliche Trugschluß, daß Gott vielleicht ausgetrickst werden kann; daß man hier und da »mit einem Mord davonkommen kann«. Die Literatur des Christentums ist voll von Beschwerden, daß das Unrecht blüht wie der grüne Lorbeerbaum und daß nichts dagegen getan wird. Und so nehmen die Menschen Zuflucht zu abergläubischen Phantasien, daß die Erdbeben, die Überschwemmungen und die Hungersnöte Gottes absichtliche Bestrafungen für kollektive sündige Handlungen seien.

Göttliche Gerechtigkeit wird dargestellt wie eine unberechenbare, sprunghafte Angelegenheit – was tatsächlich zutiefst ungerecht ist. Der Gebrauch des Wortes »Hindernis« räumt mit solchen Mißverständnissen im Nu auf. Es räumt auf mit allen möglichen Verwirrungen von spiritueller Bestrafung und den Bestrafungen, die von der Natur oder von Menschen zugefügt werden. Wenn du einen Mord begehst, wirst du wahrscheinlich, aber nicht sicher, festgenommen werden. Wenn ihr eure Stadt auf ein Erdbebengebiet baut, eure Dämme oder eure Landwirtschaft vernachlässigt, werdet ihr wahrscheinlich, aber nicht sicher, von Erdbeben, Überschwemmungen oder Hungersnöten heimgesucht werden. Das hat überhaupt nichts mit den spirituellen Folgen von Sünde zu tun. Sünde hat nur eine spirituelle Konsequenz, und die ist unveränderlich und unausweichlich. Sie errichtet ein Hindernis zur Erleuchtung – groß oder klein, je nach ihrem Ausmaß –, und dieses Hindernis ist ihre automatische, in sich enthaltene Bestrafung: Entfremdung vom Atman, Identifikation mit dem Ego und daraus resultierendes Leiden. Diese Bestrafung mag nicht augenscheinlich für uns sein in dem Moment, wo wir sie uns zuziehen, aber wir können unter keinen Umständen ihrer Wirkung entgehen. Wenn ihr eure Gedanken und Handlungen von Patanjalis Standpunkt beurteilt, indem ihr euch fragt: »Fügt dies den Hindernissen zu meiner Erleuchtung etwas hinzu, oder vermindert es sie?«, werdet ihr den Irrtum vermeiden, euch vorzustellen, daß Sünden definitive Handlungen von absolut festgesetztem Wert sind, welche klassifiziert, eingestuft und aufgezählt werden können. Sie sind es nicht. Was für die eine Person falsch ist, mag für eine andere richtig sein – wie die Gita uns lehrt.

Jeder von uns hat seine eigenen Sünden und seine eigenen Tugenden, im Verhältnis zu seinen Pflichten, Verantwortungen und seiner momentanen spirituellen Kondition. Alles was wir tun können, ist, unser eigenes Bewußtsein zu suchen und zu versuchen, jede einzelne beliebige Gelegenheit mit dem großen zentralen Motiv unseres Lebens zu verbinden. Extrem schwierige Probleme im Benehmen werden sicherlich auftauchen. Wir werden viele Fehler machen; und das Beste, was wir erhoffen können, ist, daß unsere gesamte Absicht in die angemessene Richtung geht. Patanjali lehrt uns, unsere Sünden mit einem gewissen wissenschaftlichen Abstand zu betrachten, der die beiden Extreme von liederlicher Toleranz oder sinnloser Abscheu vermeidet.

Der Chirurg toleriert keinen Krebs; er schneidet ihn heraus. Aber er weicht auch nicht mit Entsetzen zurück. Er studiert ihn. Er versucht zu verstehen, wie er gewachsen ist und wie das Wachstum eines neuen Geschwürs vermieden werden kann. Wir sündigen nicht durch reine Schlechtigkeit oder bloße moralische Idiotie. Unsere Sünden haben einen Sinn und einen Zweck, den wir zuerst verstehen müssen, ehe wir hoffen können, aufzuhören, sie zu wiederholen. Sie sind tatsächlich die Symptome des Schmerzes über die Trennung von unserer wahren Natur, dem Atman. Sie sind Versuche, uns mit dieser Natur wieder zu vereinen. Solche Versuche sind hoffnungslos irregeleitet, da sie als Ausgangspunkt die Unwissenheit des Egoismus haben; sie müssen uns immer weiter und weiter von der Realität wegführen.

Wir sind uns alle undeutlich der Präsenz des Atman in uns bewußt. Wir suchen alle nach dem Frieden und der Freiheit und der Sicherheit der perfekten Vereinigung mit dem Atman. Wir sehnen uns alle verzweifelt danach, glücklich zu sein.

Aber die Unwissenheit führt uns in die Irre. Sie versichert uns, daß der Atman nicht wirklich in uns sein kann, daß wir nichts als individuelle, separate Egos sind. Und so beginnen wir nach diesem undeutlich erfaßten, ewigen Glück innerhalb der begrenzten und flüchtigen Phänomene der äußeren Welt zu suchen. Wie das legendäre Moschus-Tier suchen wir die ganze Welt ab nach dem betörenden Duft, der tatsächlich von uns selbst ausströmt. Wir stolpern, wir verletzen uns, wir ertragen endlose Not – aber wir schauen nie an der richtigen Stelle nach.

Der Tyrann, der Millionen Menschen versklavt, der Geizhals, der tausendmal mehr Geld hortet, als er je benötigt, der Verräter, der seinen besten Freund verkauft, der Mörder, der Dieb, der Lügner und der Süchtige – sie alle wollen letzten Endes sicher und glücklich und in Frieden sein. Wir suchen Sicherheit durch das Anhäufen von Besitztümern mit Gewalt und Betrug oder durch die Zerstörung unserer eingebildeten Feinde. Wir suchen das Glück durch Sinnesbefriedigung, durch Eitelkeit und Selbsttäuschung. Wir suchen Frieden im Rausch verschiedener Drogen. Und bei all diesen Aktivitäten entfalten wir eine Energie von heroischen Ausmaßen. Das ist die Tragödie der Sünde. Es ist tragisch irregeleitete Energie. Mit weniger Anstrengung hätten wir mit Leichtigkeit die Vereinigung mit dem Atman gefunden, wären wir nicht durch unsere Unwissenheit irregeführt worden.

Unwissenheit, sagt Patanjali, erschafft all die anderen Hindernisse zur Erleuchtung. (Darüber wird mehr im Kommentar zum nächsten Aphorismus gesagt werden.) Sie sind die Samskaras, die machtvollen Tendenzen, auf die wir uns schon bezogen haben (Kapitel I, Aphorismus 2). Diese Tendenzen treiben uns dazu, immer wiederkehrende sündige oder hindernisbauende Handlungen zu tun; und so wachsen die Hindernisse automatisch, durch die Macht der Begierde, des Stolzes, der Wut und der Angst. Die Gita [16] beschreibt diesen Prozeß:

> Über Sinnesobjekte nachdenken
> wird dich an die Sinnesobjekte binden;
> Wachse gebunden, und du wirst süchtig werden;
> Durchkreuze deine Sucht, und sie schlägt in Wut um;
> Sei wütend, und du verwirrst deinen Geist;
> Verwirr deinen Geist, und du vergißt den Denkzettel der Erfahrung;
> Vergiß die Erfahrung, und du verlierst die Unterscheidung;
> Verlier die Unterscheidung, und du verfehlst des Lebens einzigen Zweck.

Die Hindernisse sind in einem gewissen Grade im Geiste all derer gegenwärtig, die nicht wirklich den höchsten Samadhi, die Vereinigung mit dem Atman, erreicht haben. Patanjali zählt im folgenden vier Bedingungen oder Grade der Unwissenheit auf. Die Hindernisse können latent sein, so wie im Fall von sehr kleinen Kindern, deren schon existierende Tendenzen sich erst später im Leben manifestieren werden.

Dies wird auch für diejenigen Yogis angenommen, welche dabei versagt haben, sich mit Nicht-Haftung zu konzentrieren, und deshalb mit den Naturkräften verschmolzen sind (Kapitel I, Aphorismus 19).

16 Anm. d. Ü.: Siehe hierzu Kapitel I, Fußnote 3.

Wenn sie zum sterblichen Leben zurückkommen, was sie schließlich müssen, werden sie mit jenen Hindernissen konfrontiert werden, welche ihr ursprüngliches Versagen verursacht haben.

Dann gibt es noch die spirituellen Aspiranten, deren Geist noch immer Hindernisse zur Erleuchtung enthält, aber nur in einer spurenhaften Form. Ihre Samskaras arbeiten weiter unter dem Impuls ihrer vergangenen Karmas, aber die Macht dieser Samskaras ist stark vermindert, und sie stellen keine ernsthafte Gefahr dar, solange der Aspirant auf der Hut vor ihnen ist.

Dann mögen wieder Hindernisse – oder wenigstens eine Gruppe von ihnen – zeitweise durch die Kultivierung von die Unwissenheit vertreibenden Gedanken und Tugenden überwunden worden sein. Wenn wir fortfahren, solche Gedanken und Tugenden zu pflegen, werden wir stufenweise die Hindernisse auf die spurenhafte Form reduzieren, welche gerade beschrieben wurde.

Schlußendlich können die Hindernisse in ihrer vollentwickelten Form vorhanden sein. Dies ist die normale, tragische Kondition aller gewöhnlichen, weltlich gesinnten Menschen.

5. Das Nicht-Ewige als ewig anzusehen, das Unreine als rein, das Schmerzhafte als angenehm und den Nicht-Atman als Atman – das ist Unwissenheit.

6. Bewußtsein mit dem gleichzusetzen, was nur Bewußtsein widerspiegelt – das ist Egoismus.

Unwissenheit ist, nach Patanjalis Definition, falsche Identifikation. Es ist ein Mißverständnis über unsere wahre Natur. Wenn man sagt: »Ich bin dieser Körper, welcher Patanjali heißt«, sieht man den Nicht-Atman als Atman an. Und dieser anfängliche Akt der Unwissenheit wird automatisch und augenblicklich zu Millionen ähnlicher Akte führen. Indem wir den Atman in uns leugnen, verneinen wir ihn überall. Wir mißdeuten die Natur. Wir verweilen bei den Äußerlichkeiten der Dinge und sehen das Universum als Vielfalt, nicht als Einheit.

Reine, ewige Freude und Frieden werden nur in der Vereinigung mit dem Atman gefunden. Unsere Unwissenheit schließt uns von dieser Vereinigung aus, aber das undeutliche, verwirrte Sehnen nach Glück bleibt. So werden wir dazu getrieben, in der äußerlichen Welt zu suchen. Wir sind gezwungen, dürftigen Ersatz anzunehmen und zu versuchen, uns selbst davon zu überzeugen, daß er echt und gültig ist.

Statt an der Ewigkeit hängen wir an dem, was ziemlich bleibend erscheint. Statt der Reinheit schätzen wir das, was ziemlich rein erscheint. Statt nach wahrem Glück greifen wir gierig nach dem, was vorübergehend angenehm erscheint. Aber leider ist unsere Befriedigung kurzlebig. Der stärkste Turm fällt, die schönste Blume verblüht in unseren Händen, das klarste Wasser wird brackig und faul. Unwissenheit hat uns zwangsläufig betrogen. Doch wenn wir uns traurig abwenden, fällt unser Blick auf ein neues Objekt der Sinneshaftung und des Wunsches. Und so geht die hoffnungslose Suche weiter.

Der zentrale Akt der Unwissenheit ist die Identifikation des Atman, der das Bewußtsein selbst ist, mit dem Geist-Körper – »dem, was das Bewußtsein nur widerspiegelt«. Dies definiert Patanjali als Egoismus.

»Auf wessen Geheiß denkt der Geist?« fragt die Kena Upanishad. »Wer gebietet dem Körper zu leben? Wer veranlaßt die Zunge zu sprechen? Wer ist das leuchtende Wesen, welches das Auge zur Form und zur Farbe lenkt und das Ohr zum Ton? Der Atman ist das Ohr des Ohres, der Geist des Geistes, die Sprache der Sprache. Er ist auch der Atem des Atems und das Auge des Auges. Indem er die falsche Identifikation des Atman mit den Sinnen und dem Geist aufgegeben hat und wissend, daß Atman Brahman ist, wird der Weise unsterblich.«

Die westliche Philosophie brachte zwei Schulen des Denkens in bezug auf das Bewußtsein hervor – die materialistische und die idealistische. Die Materialisten glaubten, daß Bewußtsein das Produkt eines Prozesses ist; daß es entsteht, wenn verschiedene Bedingungen erfüllt sind, und verlorengeht, wenn diese Bedingungen nicht existieren. So ist Bewußtsein, laut den materialistischen Philosophen, nicht das Eigentum irgendeiner einzelnen Substanz. Die Idealisten hingegen glaubten, daß Bewußtsein das Eigentum des Geistes ist, und mußten daraus folgern, daß es aufhören muß, wann immer der Geist unbewußt wird.

Moderne Wissenschaftler scheinen geneigt zu sein, die beiden Hypothesen zu verwerfen und zu glauben, daß Bewußtsein immer überall im Universum gegenwärtig ist, obschon seine Gegenwart nicht immer mit wissenschaftlichen Mitteln entdeckt werden kann.[17] Hierin nähern sie sich dem Standpunkt des Vedanta. Und in der Tat gibt es einige hervorragende Wissenschaftler und wissenschaftliche Schriftsteller, deren Denken sie zum Studium der indischen Philosophie gebracht hat. Zum Beispiel schreibt Erwin Schrödinger in seinem Buch *Was ist Leben?* folgendes:

> Bewußtsein wird nie in der Mehrzahl, nur in der Einzahl erfahren ... Wie entsteht die Idee der Pluralität (der die Schriftsteller der Upanishaden sich ausdrücklich widersetzen) überhaupt? Bewußtsein findet sich selbst zutiefst verbunden und abhängig von dem physischen Zustand einer beschränkten Region der Materie, dem Körper ...
> Es gibt aber eine große Mehrzahl ähnlicher Körper. Daher scheint die Vervielfachung des Bewußtseins oder des Geistes eine sehr anregende Hypothese. Wahrscheinlich haben alle einfachen naiven Leute, so wie die größte Mehrzahl der westlichen Philosophen, sie akzeptiert ...

17 Anm. d. Ü.: Vergleiche hierzu Kapitel I, Fußnote 7. In den letzten Jahren haben sich viele Wissenschaftler der vedantischen Sicht angeschlossen und sie mit der Mathematik des Einheitsfeldes beschrieben (Grand Unified Field Theory). Siehe auch hierzu das Buch *Das bewußte Universum* von Amit Goswami (Lüchow Verlag 1995).

Die einzig mögliche Alternative ist einfach die direkte Erfahrung, daß Bewußtsein eine Einzahl ist, dessen Mehrzahl unbekannt ist, daß es nur eine Sache gibt und daß das, was wie eine Mehrzahl aussieht, nur eine Serie von verschiedenen Aspekten dieses einen Dinges ist, hervorgerufen durch eine Täuschung (die indische Maya); dieselbe Illusion wird in einer Spiegelgalerie erzeugt, und in derselben Weise zeigte es sich, daß der Gaurisankar und der Mt. Everest derselbe Gipfel ist, aus verschiedenen Tälern gesehen ... Jeder von uns hat jedoch den unbestrittenen Eindruck, daß das gesamte Total seiner Erfahrungen und Erinnerungen eine Einheit formt, völlig verschieden von dem irgendeiner anderen Person. Er bezieht sich darauf als »Ich«. *Was ist dieses »Ich«?*

Wenn ihr es genau analysiert, werdet ihr, denke ich, finden, daß es nur ein bißchen mehr ist als eine Sammlung einzelner Daten (Erfahrungen und Erinnerungen), nämlich die Leinwand, *auf welcher* sie gesammelt sind. Und ihr werdet bei näherer Untersuchung finden, daß, was ihr wirklich mit »Ich« meint, dieser Grundstoff ist, auf dem sie gesammelt sind. Ihr könnt in ein fremdes Land kommen, alle eure Freunde aus der Sicht verlieren, ihr mögt alles außer ihnen vergessen; ihr gewinnt neue Freunde, ihr teilt das Leben mit ihnen genauso intensiv, wie ihr es immer mit den alten getan habt. Immer weniger wichtig wird die Tatsache, daß während ihr euer neues Leben lebt, ihr euch noch immer an das alte erinnert. »Der Junge, der ich war«, ihr mögt über ihn in der dritten Person reden; tatsächlich ist der Held in dem Roman, den ihr lest, eurem Herzen wahrscheinlich näher, sicherlich intensiver lebendig und euch besser bekannt. Und trotzdem, es gab keine dazwischenliegende Pause, keinen Tod. Und sogar wenn ein geschickter Hypnotiseur es fertigbrächte, alle eure früheren Erinnerungen vollständig auszulöschen, würdet ihr nicht das Gefühl haben, er hätte *euch* getötet.

In keinem Fall wird der Verlust der persönlichen Existenz beklagt ... Noch wird er es je werden.

7. **Bindung ist das, was im Vergnügen verweilt.**

8. **Abneigung ist das, was im Schmerz verweilt.**

Beide sind Hindernisse zur Erleuchtung oder sogar zum entsprechenden Wissen über eine Person oder ein Objekt. Man kann keinen unbefangenen, leidenschaftslosen Einblick in den Charakter von jemandem haben, an den man blindlings gebunden ist oder den man mit großer Abneigung ansieht. Der spirituelle Aspirant darf die Dinge dieser Welt nicht zu sehr lieben; er darf sie aber auch nicht hassen. Abneigung ist auch eine Form von Bindung. Wir sind an das gebunden, was wir hassen oder fürchten. Deshalb stellen sich in unserem Leben immer und immer wieder dieselben Probleme, dieselben Gefahren und Schwierigkeiten in verschiedenen Aspekten, solange wir fortfahren, uns zu widersetzen oder vor ihnen weglaufen, anstatt sie zu untersuchen und zu lösen.

9. **Der Wunsch, am Leben zu hängen, haftet beiden an, dem Unwissenden und dem Gelehrten. Das kommt daher, weil das Gemüt Eindrücke von Todeserfahrungen aus vielen vorhergehenden Inkarnationen zurückbehält.**

Die Lehre der Reinkarnation ist selbstverständlich dem Hinduismus und dem Buddhismus gemeinsam; und sie wurde von den ersten Christen in Erwägung gezogen und schlußendlich verworfen. Es wurde in diesem Kommentar bereits darauf hingewiesen (Kapitel I, Aphorismen 18 und 19), aber an dieser Stelle müssen wir es noch eingehender besprechen.

Prakriti wurde definiert (I,17) als der Effekt oder die Kraft von Brahman, der Realität. Mit anderen Worten, diese Illusion (in Sanskrit *Maya*) eines objektiven, räumlich-zeitlichen Universums wird von der Realität selbst projiziert. Daraus folgt, daß Prakriti und Brahman zusammen existieren müssen und daß Prakriti, wie Brahman, keinen Anfang hatte und kein Ende haben wird. Prakriti wird fortfahren, das Netz eines Universums zu spinnen, das Netz in sich selbst zurückzuziehen, das Netz wieder zu spinnen, immer wieder, für alle Zeit.

Gleichzeitig findet innerhalb des Universums ein anderer Prozeß statt. Es liegt nämlich in der Natur des individuellen Ego-Sinnes, sich langsam zur Selbstverwirklichung emporzuringen, vom Unbewegten zum Bewegten, vom Pflanzlichen zum Animalischen, vom Animalischen zum Menschlichen, durch Tausende, ja sogar Millionen von Geburten, Tode und Wiedergeburten. Der Atman ist im Stein, ebenso wie im Menschen. Aber der Stein kann sich nie selbst als Atman erkennen, solange er ein Stein bleibt. Er muß sich über höhere Formen entwickeln, bis er zum Schluß die Menschheit erreicht, denn nur innerhalb des menschlichen Geist-Körpers kann das individuelle Ego seine wahre Natur kennenlernen und so vom Zyklus der Reinkarnation befreit werden. Während der langen Reise zum vollständigen Bewußtsein ist das Subjekt dem Gesetz des Karma unterworfen. Seine Wünsche und Handlungen bestimmen die Schnelligkeit seines Fortschrittes. Er baut oder entfernt seine eigenen Hindernisse zur Erleuchtung. Sein momentaner Zustand wird andauernd durch das Karma seiner Vergangenheit bedingt und produziert fortwährend zukünftige Karmas. Der Tod unterbricht diesen Prozeß nicht, auch nicht die Wiedergeburt. Das Individuum wird lediglich mit einem Körper, einem Geist, einem Charakter und in einer sozialen Umgebung wiedergeboren, welche sozusagen die Gesamtheit seiner karmischen Bilanz zu dem bestimmten Zeitpunkt ausdrücken.

Die Lehre der Reinkarnation ist außerordentlich unschmackhaft für viele Menschen, da sie jeden von uns für seinen momentanen Zustand direkt verantwortlich macht. Wir alle mögen dieser Verantwortung nicht ins Auge sehen, und einige von uns geben lieber Gott oder ihren Eltern oder dem existierenden politischen System die Schuld für das, was sie sind. Wenn wir die Reinkarnation abstreiten und behaupten, daß diese Geburt unsere erste sei, so lehnen wir in der Tat jede Verantwortung für unseren Zustand ab; und daraus folgt logischerweise, daß Gott diesen Zustand angeordnet haben muß, oder daß er durch die Einflüsse der Vererbung und der Umwelt hervorgebracht wurde. Also: Wenn wir physisch oder ökonomisch unterprivilegiert geboren wurden, steht uns ständig eine Klage zur Verfügung, welche uns erlaubt, ein Leben damit zu verbringen, mit unserem Schicksal zu hadern und zu fluchen, mit einer permanenten Entschuldigung für alle unsere Schwächen und Versagen.

Diese Lehre der Reinkarnation, die zunächst so hart und herzlos aussieht, impliziert einen tiefen optimistischen Glauben an die Gerechtigkeit und die Ordnung im Universum. Wenn wir selbst es sind – und nicht Gott oder unsere Eltern oder unsere Mitmenschen –, die unsere jetzige Lage verursacht haben, dann sind auch wir es, die sie ändern können. Wir haben keine Entschuldigung für Selbstmitleid und keinen Grund zur Verzweiflung. Wir sind nicht hilflos verloren. Wir stehen unter keinem mysteriösen vorgeburtlichen Fluch. »Der Fehler, lieber Brutus, steht nicht in unseren Sternen ...« Alles was wir brauchen, sind Mut und Entschlossenheit, den Kampf nicht aufzugeben. Manchmal ist die Wirkungsweise des Karma-Gesetzes ganz offensichtlich – in der Rückschau zumindest. Wir können sehen, wenn wir auf unser Leben zurückblicken, wie eine bestimmte Tendenz in unserem Charakter immer wieder unter verschiedenen Umständen dieselbe Situation produziert hat. Dies sollte uns argwöhnisch machen, daß Karma auch auf solchen Gebieten der Erfahrung wirkt, die scheinbar vom Glück beherrscht sind. Und tatsächlich findet die Wissenschaft neue Fäden von Ursache und Wirkung im augenscheinlichen Durcheinander des Lebens. Zum Beispiel sagen die Psychologen uns heute, daß viele »Unfälle« überhaupt nicht zufällig passieren, sondern Durchsetzungen eines unterbewußten Wunsches sind, um ein unangenehmes Problem zu vermeiden, sogar auf Kosten eines Arm- oder Beinbruchs. Auf ähnliche Weise können ernsthafte Symptome einer physischen Krankheit als direktes Resultat einer emotionalen Spannung auftreten und nicht einfach durch das Mißgeschick, »sich einen Bazillus eingefangen zu haben«, wie vorher angenommen wurde.

In dem obigen Aphorismus bestätigt Patanjali nicht nur seinen Glauben an die Reinkarnation, sondern er bietet durch Folgerung einen Beweis dafür an. Wie könnten wir den Tod so fürchten, wenn wir ihn vorher nie erfahren hätten? Einer Henne werden Enteneier zum Ausbrüten gegeben, wenn es im Hühnerstall keine erwachsenen Enten gibt. Sobald sie geschlüpft sind, laufen die jungen Enten zum Wasser und beginnen zu schwimmen. Wer hat sie gelehrt, dies zu tun? Sicherlich nicht die Glucke. Wenn sie sie im Wasser sieht, gluckst sie wild, weil sie meint, daß sie alle ertrinken. Wir sagen, daß die Entlein »instinktiv« schwimmen könnten. Instinktiv fürchten wir auch den Tod.

Nun, was ist der Instinkt? Einem Wörterbuch zufolge ist er ein »angeborenes Muster von Aktivität und Reaktion, gleich einem gegebenen biologischen Material«. Den Yoga-Philosophen zufolge ist er »miteinbezogene Vernunft«, das heißt, Erfahrung, die unterbewußt geworden ist. Beide Definitionen stimmen darin überein, die *Erinnerung* an eine Erfahrung zu fordern – eine Erinnerung, welche entweder durch Vererbung von einer Spezies übermittelt oder von einem Individuum durch eine Reihe von Geburten getragen wird. Der Anhänger der Vererbungslehre würde selbstverständlich die Reinkarnation zurückweisen. Der Yoga-Philosoph würde sie mit der Vererbungslehre versöhnen, indem er sagt, daß das Individuum – durch seine Karmas gezwungen, in Gestalt einer Ente zu inkarnieren – die Attribute einer Ente hierdurch »ererben« muß, die Schwimmkenntnisse eingeschlossen. So hilft uns das Wort »Instinkt« so oder so nicht sehr viel weiter bei der Erklärung für die Todesangst des Menschen.

Man kann auch noch einwenden, daß dieser »Beweis« für die Reinkarnation (Patanjali wird später noch weitere vorbringen) aus einem anderen Grund unbefriedigend ist – weshalb sollte unsere Todesangst *notwendigerweise* von unserer erinnerten Erfahrung abhängen? Nehmen wir mal an, wir hatten keine vorhergehenden Todeserfahrungen, macht das alles nicht noch schrecklicher? Gibt es etwas Beängstigenderes als das völlig Unbekannte? »Ach, aber zu sterben«, ruft Shakespeares Claudius aus, »und nicht zu wissen, wohin wir gehn ...!«

Wie dem auch sei, dies ist nicht die ganze Antwort. Und vielleicht kann Patanjalis Beweis der Reinkarnation durch die Erinnerung der Todeserfahrung schließlich doch gerechtfertigt werden. Berücksichtigt diese Passage aus der Brihadaranyaka Upanishad:

> Es gibt zwei Zustände für den Menschen – den Zustand in dieser Welt und den Zustand in der nächsten; es gibt auch einen dritten Zustand, den Zustand zwischen diesen beiden, der mit dem Traum verglichen werden kann. Während er in dem Zwischenzustand ist, erlebt der Mensch die beiden anderen Zustände, den in dieser Welt und den in der nächsten; und es verhält sich wie folgt: Wenn er stirbt, lebt er nur in dem subtilen Körper, auf welchem die Eindrücke seiner vergangenen Taten hinterlassen wurden, und dieser Eindrücke ist er sich bewußt, erleuchtet wie sie sind durch das Licht des Atman. Das reine Licht des Atman gewährt ihm Licht. So kommt es, daß er im Zwischenzustand den ersten Zustand erlebt oder den aus dem Leben in dieser Welt. Wiederum, während er im Zwischenzustand ist, sieht er beides, die Übel und die Wohltaten, voraus, welche noch zu ihm kommen werden, da diese durch sein Benehmen, gut oder schlecht, auf der Erde bestimmt sind und durch den Charakter, zu dem dieses Benehmen geführt hat. So kommt es, daß er im Zwischenzustand den zweiten Zustand erlebt oder den aus dem Leben in der Welt, die kommt.

Der »Zwischenzustand« ist nach dieser Definition eine Art von klarem Nachtod-Zwischenraum, in dem ein Individuum sich über sich selbst klar wird und gezwungen wird, auf seine vergangenen Taten zurückzublicken, zusammen mit den Folgen, die sie jetzt unausweichlich in seiner nächsten Geburt, auf dieser Welt oder woanders, erzeugen müssen. In dem klaren, schonungslosen Licht des Atman, von dem er noch immer entfremdet ist, sieht er, was er aus sich gemacht hat.[18]

Offensichtlich kann diese Erfahrung für den größten Teil von uns nicht anders als bitterlich erniedrigend und schmerzhaft sein. In einem solchen Moment müssen wir sicherlich Scham, Greuel und Gewissensbisse von einer Intensität fühlen, wie wir sie uns nie jemals während unseres verkörperten Lebens vorgestellt haben.

Wenn wir deshalb den Ausdruck »Todeserfahrung« so auffassen, daß er die Erfahrung des Zwischenzustandes zwischen Tod und Wiedergeburt miteinbezieht, so ist sehr leicht nachzuvollziehen, weshalb eine unterbewußte Erinnerung daran uns mit instinktivem Grauen erfüllt – sogar einer noch größeren Furcht als der vor dem Unbekannten. Nur der erleuchtete Heilige kann absolut frei von Todesangst sein, weil ihm dieser Zwischenzustand nicht mehr bevorsteht. Schon hier auf der Erde ist er für das Leben der Sinne »gestorben«. Und so wie ein Mensch spirituell wächst, wird seine Todesangst nach und nach vermindert. Dies scheint Patanjalis Beweis der Reinkarnation zu unterstützen.

In jedem Fall – und was auch immer seine Quelle sein mag – ist der Wunsch, den Tod hinauszuschieben und am Leben zu hängen, sicherlich eines der größten Hindernisse zur Erleuchtung. Am Leben zu hängen heißt, am normalen Sinnes-Bewußtsein zu hängen und damit dem Überbewußtsein in uns auszuweichen, welches als Atman bekannt ist.

10. Wenn diese Hindernisse bis auf Reste reduziert worden sind, können sie zerstört werden, indem das Gemüt zurück in seine primäre Ursache aufgelöst wird.

18 Anm. d. Ü.: Diese Darstellung entspricht dem Tibetanischen Totenbuch, dem Bardo Thödol, welches die Nachtodes-Erfahrung, den Aufenthalt im Bardo, genauestens beschreibt. (Siehe: *Das Tibetanische Totenbuch*, Rascher Verlag 1953)

11. In ihrer vollentwickelten Form können sie durch Meditation überwunden werden.

Es ist wohl einfacher, diese beiden Aphorismen in umgekehrter Reihenfolge zu betrachten, da die Hindernisse zur Erleuchtung zunächst in ihrer vollentwickelten oder groben Form überwunden werden müssen (siehe Kapitel II, Aphorismus 4).

Die Art und Weise, wie dies getan werden muß, wurde einmal mit dem Waschen eines schmutzigen Kleidungsstückes verglichen: Zuerst muß der Schmutz mit Seife gelöst, dann mit klarem Wasser weggewaschen werden. »Seife« stellt die Praxis der »Vorstufen zum Yoga« dar (Askese, Studium und das Widmen der Früchte seiner Arbeit an Gott), welche im Kommentar zum ersten Aphorismus dieses Kapitels erörtert wurde. »Wasser« repräsentiert die Praxis der Meditation. »Seife« und »Wasser« sind beide unbedingt erforderlich, wenn das »Kleid« des Geistes richtig gesäubert werden soll. Das eine kann ohne das andere nicht wirkungsvoll benutzt werden.

Wenn die Hindernisse in ihrer vollentwickelten Form überwunden sind, werden sie noch immer spurenhaft, als Tendenzen (Samskaras), existieren. Diese Tendenzen werden nur zerstört, wenn das Gemüt zurück in seine Ursache aufgelöst wurde, das heißt in Prakriti, die das Gemüt projiziert hatte. Dies ist selbstverständlich der Vorgang, in Samadhi zu gehen (siehe Kapitel I, Aphorismen 41–51).

12. Eines Menschen latente Neigungen werden durch seine vergangenen Gedanken und Handlungen geschaffen. Diese Neigungen werden Früchte tragen, sowohl in diesem Leben wie in den darauffolgenden.

13. Solange die Ursache existiert, wird sie Früchte tragen – so wie die Wiedergeburt, ein langes oder kurzes Leben und die Erfahrungen von Vergnügen und Leid.

14. Die Erfahrungen von Vergnügen und Leid sind die Früchte von Verdienst beziehungsweise Schuld.

15. Aber ein Mensch mit spiritueller Unterscheidung sieht all diese Erfahrungen als leidvoll an. Denn sogar der Genuß von gegenwärtigem Vergnügen ist leidvoll, da wir schon seinen Verlust fürchten. Vergangenes Vergnügen ist schmerzlich, weil erneute Begierden aufkommen durch die Eindrücke, die es im Gemüt hinterlassen hat. Und wie kann irgendein Glück von Dauer sein, wenn es nur von unseren Stimmungen abhängt? Denn diese Stimmungen verändern sich dauernd, so wie die eine oder andere der sich dauernd streitenden Gunas Kontrolle über das Gemüt hat.

Das Wirken des Karma-Gesetzes (siehe Kapitel I, Aphorismen 2, 18–19) und die Natur und Funktionen der Gunas (siehe Kapitel I, Aphorismus 17) wurden schon ausführlich beschrieben. Patanjali warnt uns hier vor der Annahme, daß einige unserer Gedanken keine Folgen hatten oder haben werden, nur weil diese Folgen nicht offensichtlich sind. Unsere Handlungen haben latente Tendenzen geschaffen, die zur richtigen Zeit Früchte tragen werden – vielleicht indem sie die Spanne und Umstände zukünftiger Leben bedingen. Verdienstvolle Handlungen werden in der Tat Resultate hervorbringen, die als »angenehm« beschrieben werden können; aber »angenehm« und »schmerzhaft« sind nur relative Ausdrücke.

Wie »gut« und »schlecht«, »warm« oder »kalt«, »glücklich« und »unglücklich« sind sie eines der »Gegensatzpaare«, welche, in der Ausdrucksweise der Gita, die scheinbaren Widersprüche unserer Erfahrung der äußeren Welt gestalten. Vom Standpunkt eines Menschen mit spiritueller Unterscheidung sind alle Erfahrungen leidvoll insoweit, als sie uns an diese Welt binden und unsere Sinnesbegierden erneuern. Das einzige wahre Glück ist die Vereinigung mit Atman. Jedes andere »Glück« ist relativ, vergänglich und deshalb falsch.

16. Das Leid, das noch bevorsteht, kann vermieden werden.

Es gibt drei Arten von Karma: das Karma, das schon erschaffen und aufbewahrt worden ist, so daß es in einem zukünftigen Leben Früchte tragen wird; das Karma, das in der Vergangenheit oder in einem früheren Leben geschaffen wurde, welches in diesem Moment seine Früchte trägt, und das Karma, welches wir gerade durch unsere Gedanken und Handlungen erschaffen. Von diesen sind die schon bestehenden Karmas jenseits unserer Kontrolle; wir können nur warten, bis sie sich selbst erschöpft haben, und ihre Früchte mit Mut und Geduld annehmen. Aber das Karma, das wir jetzt erschaffen – »das Leid, das erst kommt« –, kann vermieden werden. Nicht, indem man aufhört zu handeln – das wäre unmöglich, sogar wenn es wünschenswert wäre –, aber indem man aufhört, die Früchte der Handlung für sich selbst zu begehren. Wenn wir die Früchte der Handlung Gott darbringen, werden wir nach und nach das Rad des Karma abspulen und so sein Leid vermeiden.[19]

17. Dieses Leid wird durch falsche Identifikation des Erfahrenden mit dem Objekt der Erfahrung hervorgerufen. Dies kann vermieden werden.

»Der Erfahrende« ist der Atman, unsere wahre Natur. »Das Objekt der Erfahrung« ist die Gesamtheit der Erscheinungswelt, einschließlich des Geistes und der Sinne.

In Wahrheit existiert der Atman allein, »Einer ohne Zweiten«, ewig frei. Aber durch die falsche Identifikation mit Maya, welche das Geheimnis unserer jetzigen Lage ist, wird

19 Anm. d. Ü.: Durch die Praxis der Meditation wird der Geist harmonischer, er gelangt in größere Übereinstimmung mit den Naturgesetzen und wird so spontan in einen Zustand versetzt, in dem er weniger Fehler macht. So wird viel Unheil vermieden. Dieser Aphorismus ist auch ein Grundsatz des Ayur-Veda, des Bereiches der Veden, der sich mit der Gesundheit befaßt. Er enthält das Prinzip der Prävention.

der Atman mit dem individuellen Ego verwechselt, welcher all den Gedankenwellen unterworfen ist, die aufkommen und den Geist beunruhigen. Deshalb bilden wir uns ein, daß wir »unglücklich« oder »glücklich«, »wütend« oder »wollüstig« sind. Die Gita erinnert uns daran, daß dies nicht wirklich der Fall ist:

> Die erleuchtete Seele ...
> denkt dauernd: »Ich tue nichts.«
> Egal was sie sieht,
> hört, berührt, riecht, ißt ...
> Dies weiß sie immer:
> »Ich sehe nicht, ich höre nicht:
> Es sind die Sinne, die sehen und hören
> und die Dinge der Sinne berühren.«

Solange der Erfahrende fälschlicherweise mit den Objekten der Erfahrung identifiziert ist, können wir den Atman, unsere wahre Natur, nicht kennen. Wir verbleiben in Knechtschaft, im Glauben, daß wir selbst die Sklaven der Erfahrung sind.

»Es gibt die Geschichte«, schreibt Swami Vivekananda, »daß der König der Götter, Indra, einmal ein Schwein wurde und sich im Schlamme wälzte; er hatte eine Sau und viele Schweinchen und war sehr glücklich. Dann sahen die Götter seine Lage, kamen zu ihm und sagten: ›Du bist der König der Götter, du hast alle Götter unter deinem Befehl. Weshalb bist du hier?‹ Aber Indra sagte: ›Macht euch nichts draus; mir geht's gut hier; ich sorge mich nicht um den Himmel, da ich diese Sau und diese Schweinchen habe.‹ Die armen Götter waren mit ihrer Weisheit am Ende. Nach einiger Zeit beschlossen sie, alle Schweine zu töten, eines nach dem andern. Als alle tot waren, begann Indra zu weinen und zu klagen. Da schlitzten die Götter seinen Schweinekörper auf, und er kam heraus und begann zu lachen, als er erkannte, welchen schrecklichen Traum er gehabt hatte: daß er, der König der Götter, ein Schwein geworden war und daß er dachte, das Schweineleben sei das einzige Leben! Und damit nicht genug, hatte er auch noch gewünscht, daß das ganze Universum ein Schweineleben würde!

Wenn der Atman sich mit der Natur identifiziert, vergißt er, daß er rein und unendlich ist. Der Atman liebt nicht, er ist die Liebe selbst. Er existiert nicht, er ist die Existenz selbst. Liebe, Existenz und Wissen sind keine Qualitäten des Atman, sondern sein Wesen. Wenn sie auf etwas reflektiert werden, kann man sie die Qualitäten von diesem Etwas nennen. Sie sind nicht die Eigenschaften, sondern die Essenz des Atman, das Unendliche Sein, ohne Geburt oder Tod, in seiner eigenen Herrlichkeit gegründet. Es scheint so ausgeartet zu sein, daß, wenn ihr euch nähert, um ihm zu sagen: ›Du bist kein Schwein‹, es zu quieken und zu beißen beginnt.« Dieses »Schwein-das-kein-Schwein-ist« kann, bei Gelegenheit, ein sehr gefährliches Tier werden. Die Macht von Tamas in unserer Natur ist so groß, daß wir es hassen, gestört zu werden. Wir sind jeder neuen Idee abgeneigt, besonders wenn es mit einschließt, daß wir einige Veränderungen in unserem Leben vornehmen müssen. Und wenn also spirituelle Lehrer kommen und uns sagen, daß wir keine Schweine, sondern Götter sind, sind wir wirklich geneigt, sie zu verfolgen und zu kreuzigen.

18. Das Objekt der Erfahrung setzt sich zusammen aus den drei Gunas – den Prinzipien der Erleuchtung (Sattva), der Aktivität (Rajas) und der Bewegungslosigkeit (Tamas). Aus diesen hat sich das ganze Universum entwickelt, zusammen mit den Instrumenten des Wissens – wie dem Geist, den Sinnen usw. – und den wahrgenommenen Objekten – wie den physikalischen Elementen. Das Universum existiert, damit der Erfahrende es erfahren kann und somit befreit wird.

Der letzte Satz dieses Aphorismus ist einer der wichtigsten im ganzen Buch. Es ist Patanjalis Antwort an die »Schweine-Menschen«; an solche, die sich weiter in ihrem Schlamm wälzen wollen.

Wenn man ihnen sagt, daß jede Sinneserfahrung in letzter Analyse leidvoll sei, dann werden die »Schweine-Menschen« spöttisch und wütend. Sie finden eine solche Philosophie feige und geistlos. Man sollte sich nicht vor dem Vergnügen fürchten, rufen sie; man soll den flüchtigen Moment ergreifen und sich daran erfreuen, wie auch immer die Folgen sein mögen. Sie zitieren beifällig ihre Poeten (da viele der vornehmsten Poeten »Schweine-Poesie« schreiben) und sagen, daß »eine erfüllte Stunde glorreichen Lebens ein namenloses Menschenalter wert« sei und daß Patanjali eine ängstliche alte, miesmachende Großmutter sei.

Auf diese Anschuldigung antwortet Patanjali: »Ihr seid es, die Angst haben. Ihr seid es, die vor der Erfahrung flüchten. Ihr redet so oft von eurem Vergnügen, aber ihr wißt nichts über Das Vergnügen. Ihr versucht nie, seine Natur zu verstehen. Das Universum der Sinneserfahrungen ist ein großes Buch; und derjenige, der es mit Unterscheidungsvermögen bis zu Ende liest, wird schließlich wissen, daß es nur den Atman gibt. Keine Erfahrung ist umsonst, keine Seite des Buches überflüssig, vorausgesetzt, daß der Leser etwas daraus lernt und zur nächsten weiterschreitet. Aber ihr lernt nie etwas. Ihr schreitet nie weiter. Ihr lest dieselbe Seite wieder und wieder, wiederholt dieselbe sinnlose Erfahrung, wie ein Mensch, der halb schläft, der liest, ohne sich an ein Wort zu erinnern.«

Es gibt ein indisches Sprichwort: »Die Biene kam, um den Honig zu saugen, aber ihre Füße blieben darin stecken.« Wir können das Schicksal der Biene nur vermeiden, wenn wir unser Leben als eine dauernde Suche nach einem Sinn ansehen, eine Übung im Unterscheidungsvermögen zwischen dem Wirklichen und dem Unwirklichen. In diesem Geiste werden wir alle Arten von Erfahrung überwinden, sowohl angenehme wie unangenehme, und es wird uns nie schaden. Denn die Wahrheit liegt überall versteckt, in jeder Erfahrung und in jedem Objekt des Universums. Alles was uns tagsüber widerfährt, egal, wie banal es erscheinen mag, bietet irgendeinen winzigen Anhaltspunkt, welcher uns zu größerem spirituellen Wissen und möglicher Befreiung führen könnte.

19. Die Gunas gehen durch vier Stadien – grob, subtil, primär und unentwickelt.

Hier faßt Patanjali zusammen, was schon im Kommentar zu Aphorismus 17 des ersten Kapitels erklärt wurde. Wenn das Universum nur in seiner potentiellen Form existiert, sind die Gunas in perfektem Gleichgewicht, und ihr Zustand wird als unentwickelt oder »zeichenlos« beschrieben. Wenn das Universum anfängt, sich zu entwickeln, und das Guna-Gleichgewicht gestört ist, finden wir das Erwachen des Mahat, des kosmischen Ego-Sinnes. Dieser Zustand wird als primär oder »angedeutet« beschrieben. Im nächsten Zustand der Entwicklung, wenn die Gunas in die Kombinationen eingetreten sind, welche den Geist und die innere Essenz der Dinge formen, wird ihr Zustand als subtil oder »undefiniert« beschrieben.

Und wenn schlußendlich das Universum seine äußerliche, physische Manifestation erreicht hat, wird der Zustand der Gunas als grob oder »definiert« beschrieben. (Wegen der Schwierigkeit, diese Fachbegriffe ins Englische [Deutsche] zu übertragen, wurde jedesmal eine alternative Übersetzung gegeben.)

20. Der Atman – der Erfahrende – ist reines Bewußtsein. Es sieht so aus, als ob er die wechselnden Farben des Geistes annimmt. In Wirklichkeit ist er unveränderlich.

21. Das Objekt der Erfahrung existiert nur, um dem Zweck des Atman zu dienen.

22. Obschon das Objekt der Erfahrung unwirklich wird für den, der das Stadium der Befreiung erreicht hat, bleibt es wirklich für alle anderen Wesen.

23. Atman – der Erfahrende – ist identifiziert mit Prakriti, dem Objekt der Erfahrung, damit die wahre Natur der beiden, Prakriti und Atman, erkannt werden kann.

24. Diese Identifikation wird durch Unwissenheit verursacht.

25. Wenn die Unwissenheit zerstört ist, hört diese Identifikation auf. Dann ist die Gefangenschaft zu Ende, und der Erfahrende ist unabhängig und frei.

Diese Aphorismen scheinen auf den ersten Blick eine paradoxe Idee auszudrücken. Wenn Patanjali sagt, daß der Erfahrende mit dem Objekt der Erfahrung identifiziert sei, *damit* die wahre Natur der beiden erkannt werden möge, und dann hinzufügt, daß diese Identifikation durch Unwissenheit verursacht sei, fühlen wir eine gewisse Verwirrung. Wir sind verwirrt, weil Patanjali diese Unwissenheit anscheinend akzeptiert und sogar irgendwie anerkennt. Unwissenheit ist doch zweifellos nicht wünschenswert? Es wäre doch sicher besser gewesen, wenn wir uns nie dem Atman entfremdet hätten, nie aufgehört hätten, uns unserer wahren Natur bewußt zu sein?

Das ist so, als ob ein Gefangener selbstzufrieden sagen würde: »Dieses Gefängnis existiert, damit ich eventuell herauskommen kann«, ungeachtet der Tatsache, daß, wenn er kein Verbrechen begangen hätte, er überhaupt nie ins Gefängnis gekommen wäre.

Und dennoch, diese Verwirrung, die wir fühlen, ist nur ein weiteres Produkt derselben Unwissenheit. In Maya verwurzelt, können wir nicht hoffen, Maya zu verstehen oder die »Gerechtigkeit« oder »Ungerechtigkeit« ihrer Bindung mit unseren kleinen, relativen, ethischen Maßstäben zu beurteilen. Alles was wir sicher wissen, ist dies: daß die großen Heiligen, welche Befreiung fanden, auf ihre Anstrengungen nicht mit Bitterkeit oder Bedauern zurückschauten. Sie schauten sogar Maya nicht mit Schrecken an; sie sahen es vielmehr als ein faszinierendes und unterhaltsames Spiel an. Sie erfreuten sich an ihrem langen Kampf für die Freiheit.

Swami Vivekananda konnte am Ende seines Lebens schreiben: »Ich bin froh, daß ich geboren wurde, froh, daß ich so leiden konnte, froh, daß ich grobe Schnitzer gemacht habe, froh, daß ich in den Frieden eingehe.« Angesichts der scheinbaren Paradoxie der Atman-Prakriti-Verbindung sind wir natürlich von Zweifeln und Verwirrung beunruhigt. Aber anstatt unsere Zeit mit Denken und Philosophieren zu verschwenden, sollten wir lieber den Blick auf die großartigen Figuren richten, die das Ende der Reise erreicht haben und sozusagen dastehen und uns zuwinken, ihnen zu folgen. Ihr Triumph ist unsere Rückversicherung, daß irgendwie – in einer Art und Weise, die wir noch nicht verstehen können – alles zum besten steht.

26. Unwissenheit wird durch das Erwachen zum Wissen über Atman zerstört, bis keine Spur von Illusion übrigbleibt.

27. Der Erfahrende erreicht dieses Wissen in sieben Stufen, zur höchsten fortschreitend.

Die sieben Stufen, über die vollkommenes Wissen über Atman erreicht wird, werden wie folgt beschrieben:

A. Die Erkenntnis, daß die Quelle aller spirituellen Weisheit in uns selbst ist; daß das Königreich Gottes in uns ist. Wie Swami Vivekananda sagt: »Nach langem Suchen hier und dort, in Tempeln und Kirchen, kommst du schlußendlich zur eigenen Seele zurück, indem du den Zyklus vervollständigst, von wo du angefangen hast, und du findest, daß Er, den du überall auf der ganzen Welt gesucht hast, für den du geweint und in Kirchen und Tempeln gebetet hast, den du als das Geheimnis aller Mysterien in den Wolken verhüllt angesehen hast, näher als das Nächste ist, dein eigenes Selbst, die Realität deines Lebens, deines Körpers und deiner Seele.«

Dies sind bewegende Worte, auf die unsere Herzen sofort antworten können; aber eine beständige Realisation ihrer Wahrheit ist nicht so leicht erreicht. Es genügt nicht, sie als eine intellektuelle Behauptung anzunehmen. Es genügt nicht, sie in Augenblicken religiöser Gefühle oder zeitweiligen Einblicks flüchtig zu erspähen. Wir können nicht behaupten, wir hätten diese erste Stufe erreicht, bis wir uns dauerhaft der Gegenwart des Atman in uns bewußt sind. Wenn wir uns dessen bewußt sind, wissen wir auch, ohne Zweifel, daß die Vereinigung mit Atman möglich ist, da kein äußeres Hindernis uns davon abhalten kann.

B. Das Ende des Leidens. Leid wird, wie wir gesehen haben, durch unsere Bindung an die oder Abneigung gegenüber den Phänomenen des äußeren Universums verursacht. Sowie der Geist sich nach innen richtet, zum Wissen über Atman, verlieren diese Bindungen und Abneigungen ihre Kraft. Wir haben schon den Satz aus der Gita zitiert: »Yoga ist der Abbruch des Kontaktes zum Leid.«

C. Samadhi – vollständige Realisation des und Vereinigung mit dem Atman. Das objektive Universum verschwindet. Der Atman wird als totale Existenz, Bewußtsein und Freude erlebt. In dieser Erfahrung geht jeder Sinn von individuellem Getrenntsein und Verschiedensein verloren. In Shankaras *Krönungs-Juwel der Unterscheidung*[20] ruft der Schüler, welcher Samadhi erreicht hat, aus: »Mein Geist fiel wie ein

20 Anm. d. Ü.: Der Originaltitel der Abhandlung lautet *Vivekacudamani*, Shankaras Meisterwerk des Advaita Vedanta. Es enthält die Grundauffassung, daß nur Brahman allein existiert, daß alles andere unwahr ist und daß das individuelle Selbst mit Brahman identisch ist. Adi Shankara lebte von 788–820 und ist für seinen Kommentar der Brahma-Sutras und der Upanishaden bekannt. Er gründete Klöster in den vier Himmelsrichtungen, deren Vorstand als Shankaracharya bis heute seine Lehre des Advaita verkörpern. Außerdem gründete er zehn Mönchsorden, als Orden der Sannyasins bekannt.

Hagelkorn in diesen weiten Raum von Brahmans Ozean. Indem ich einen Tropfen davon berührte, schmolz ich hinweg und wurde eins mit Brahman. Und jetzt, obschon ich zum menschlichen Bewußtsein zurückkehre, halte ich an der Freude des Atman fest. Wo ist dieses Universum? Wer hat es weggenommen? Ist es mit etwas anderem verschmolzen? Vor einer Weile erblickte ich es – jetzt besteht es nicht mehr. Dies ist wunderbar, wahrlich! Hier ist der Ozean von Brahman, voll unendlicher Freude. Wie kann ich irgend etwas annehmen oder ablehnen? Jetzt weiß ich schlußendlich und klar, daß ich der Atman bin, dessen Natur ewige Freude ist. Ich sehe nichts, ich höre nichts, ich kenne nichts, das von mir verschieden ist.«

D. Wenn ein Mensch aus dem Samadhi herauskommt, kehrt er zum Bewußtsein des objektiven Universums zurück; aber dieses Bewußtsein unterscheidet sich von dem, das wir alle erfahren. Für jemanden, der Samadhi erlangt hat, ist die äußere Welt nur Schein. Mit Shankaras Worten: »Es ist und ist nicht.« Der erleuchtete Mensch identifiziert nicht länger die äußere Welt mit dem Atman. Er sieht, daß es nur eine Spiegelung des Atman ist – nicht vollständig unwirklich, da es von der Realität projiziert wird, doch ohne Substanz und eigenständige Existenz, wie ein Bild im Spiegel.

In diesem Zustand weiß ein Mensch, daß er nicht mehr länger an irgendeine weltliche Pflicht oder Verpflichtung gebunden ist. »Seine Handlungen«, wie die Gita es ausdrückt, »fallen von ihm ab.« Das heißt natürlich nicht, daß ein Mensch, der Samadhi erlangt hat, von da an nichts mehr tun wird. Im Gegenteil, die meisten großen Heiligen waren sehr aktiv, besonders darin, andere zu lehren.

»Sie sind wie große Dampfer«, sagte Ramakrishna, »die nicht nur selbst den Ozean überqueren, sondern viele Passagiere zum anderen Ufer bringen.«

Aber die Handlungen der erleuchteten Heiligen unterscheiden sich von den Handlungen normaler Menschen, weil sie nicht durch Bindung oder selbstsüchtigen Wunsch motiviert sind. Sie sind, im wortwörtlichsten Sinne des Wortes, freiwillige Handlungen. Handlung ist für uns nur teilweise freiwillig; sie enthält immer ein Element des Zwanges, verursacht durch vergangene Karmas und die jetzige Verstrickung in das Leben der Sinne. Deshalb ist das Benehmen eines Heiligen oft sehr schwer verständlich für uns; es erscheint sonderbar, willkürlich oder launisch, gerade weil es nicht unseren bekannten Zwängen unterworfen ist. Ein großer Lehrer wurde einst gebeten, eine rätselhaft erscheinende Handlung zu erklären, welche im Evangelium enthalten ist: Christi Verfluchung des unfruchtbaren Feigenbaumes. »Werde ein Christus«, antwortete er schmunzelnd, »und dann wirst du wissen, weshalb er das getan hat.«

E. Als nächstes kommt die Realisation, daß der Geist und die objektive Welt beide ihren Dienst am Erfahrenden beendet haben. Der Geist war das Instrument und die Welt das Objekt der Erfahrung, wodurch der Erfahrende den Atman, seine wahre Natur, kennengelernt hat. Der Geist wurde gebraucht, um den Geist zu überschreiten, genau wie wir eine Leiter gebrauchen, um die Leiter zu »überschreiten«. Wenn wir einmal das Fensterbrett erreicht haben, an dem die Leiter ruhte, kann die Leiter weggestoßen werden; wir brauchen sie nicht mehr.

F. Jetzt fallen die gespeicherten Eindrücke im Geist und die Gunas selbst für immer weg, »wie Felsen« (um einen klassischen Kommentator zu zitieren), »die vom Gipfel eines Berges heruntergefallen sind und nie zurückkehren«.

G. Und so ist die letzte Stufe erreicht – die Stufe der ewigen Existenz in der Vereinigung mit dem Atman. Jetzt gibt es keine Rückkehr mehr vom Samadhi zu teilweiser Sinneserfahrung, keine Identifikation mit dem Gemüt mehr. Wir realisieren, mit den Worten Swami Vivekanandas, »daß wir allein im Universum waren, weder der Körper noch der Geist waren je mit uns verwandt, geschweige denn mit uns verbunden. Sie arbeiteten auf ihre Weise, und wir, durch Unwissenheit, schlossen uns Ihnen an. Aber wir waren allein, allmächtig, allgegenwärtig, immer gesegnet; unser eigener Atman war so rein und vollkommen, daß wir sonst nichts brauchten; durch das ganze Universum hindurch kann es nichts geben, das nicht vor unserem Wissen strahlend wird. Dies wird der letzte Zustand sein, und der Yogi wird friedlich und ruhig werden, er wird nie mehr Leid empfinden, er wird nie mehr irregeführt werden, nie mehr vom Unglück berührt werden. Er wird wissen, daß er immer gesegnet, immer vollkommen, allmächtig ist.«

28. Sobald die Unreinheiten durch die Praxis spiritueller Disziplinen – die »Glieder« des Yoga – entfernt worden sind, öffnet sich die spirituelle Vision eines Menschen für das lichtspendende Wissen über den Atman.

Patanjali beginnt jetzt eine ausführliche Beschreibung der sogenannten »Glieder« des Yoga – der verschiedenen Regeln und Praktiken, welche wir einhalten müssen, um den Geist von seinen Unreinheiten zu befreien. Diese Unreinheiten zu entfernen – die Hindernisse zum Wissen über den Atman – ist der einzige Zweck spiritueller Disziplinen. Denn das Wissen selbst braucht nicht gesucht zu werden. Es ist schon in uns – ungleich dem weltlichen Wissen, das aus Büchern und Erfahrungen in der äußeren Welt erlangt werden muß. Wenn die Hindernisse weggeräumt worden sind, wird der allgegenwärtige Atman sofort offenbart.

29. Die acht Glieder des Yoga sind: die verschiedenen Formen der Enthaltung von bösem Tun (Yama), die verschiedenen Vorschriften (Niyama), Körperhaltung (Asana), Kontrolle des Prana (Pranayama), Zurückziehen des Geistes von den Sinnesobjekten (Pratyahara), Konzentration (Dharana), Meditation (Dhyana) und die Versenkung in den Atman (Samadhi).

30. Yama ist die Enthaltung davon, anderen Schaden zuzufügen, von Falschheit, von Diebstahl, von Zügellosigkeit und von Habgier.

Wir sollen so leben, daß unsere Gedanken, Worte und Taten keinem anderen Wesen Leid oder Schmerz zufügen. Im positiven Sinne heißt dies, daß wir für alle Liebe empfinden und versuchen müssen, den Atman in jedem zu sehen. Wir müssen uns als Diener der Menschheit sehen und bereit sein, uns denen zur Verfügung zu stellen, die uns benötigen. Das heißt jedoch nicht, daß wir uns für die bösen Absichten anderer hergeben sollen, indem wir ihnen helfen, Verbrechen zu begehen; denn solche Ziele stünden im Widerspruch zu den Idealen von *Yama*. Der wirklich hilfreiche Mensch ist wie ein öffentlicher Straßenbahnwagen, für alle verfügbar, die Wert darauf legen, ihn zu benutzen, der aber nichtsdestoweniger auf einer festgelegten Strecke zu seinem Ziel fährt.

Unsere Worte und Gedanken müssen wahrhaftig sein, immer in Übereinstimmung mit den Tatsachen. Sri Ramakrishna pflegte zu sagen, daß wahre Spiritualität darin bestehe, »das Herz und die Lippen gleich zu machen«. Aber wir müssen vorsichtig sein, damit wir andere nicht verletzen, indem wir das sagen, was grausam ist, auch wenn es wahr sein sollte. Bei solchen Gelegenheiten sollten wir schweigen. Es genügt nicht, sich vom Diebstahl zu enthalten; wir sollen keine Gefühle von Neid, weder gegenüber Personen noch gegenüber Dingen, hegen. Wir müssen uns daran erinnern, daß nichts in dieser Welt uns wirklich gehört. Bestenfalls sind wir lediglich Entleiher. Deshalb ist es unsere Pflicht, nicht mehr von der Welt zu leihen, als wir absolut benötigen, und davon vollen und richtigen Gebrauch zu machen. Mehr zu nehmen als wir brauchen und es zu vergeuden heißt, es vom Rest der Menschheit zu stehlen.[21]

21 Anm. d. Ü.: Dies gilt besonders für unsere Zeit, in der 850 Millionen(!) Menschen auf der Welt an Hunger leiden, obschon es möglich ist, genug Nahrung für alle zu produzieren.

Enthaltsamkeit ist Keuschheit in Worten, Gedanken und Taten. Von der Idee des Sex befreit zu sein heißt, Reinheit des Herzens zu erlangen. Sex ist untrennbar von Bindung, und Bindung ist ein Hindernis zu spirituellem Wissen.

Enthaltung von Habgier wurde auch als Enthaltung, Geschenke anzunehmen, ausgelegt. Um Swami Vivekananda zu zitieren: »Der Geist des Menschen, der Geschenke erhält, wird durch den Geist des Gebers beeinflußt, so ist der Empfänger geneigt, entartet zu werden. Geschenke zu erhalten macht anfällig dafür, die Unabhängigkeit des Geistes zu zerstören und uns unterwürfig zu machen.«

Dies mag für viele von uns ein »harter Ausspruch« sein; aber wir müssen uns daran erinnern, daß Patanjali die strengen Übungen eines ergebenen Yogi beschreibt. In der alltäglichen Welt können die meisten Geschenke als ziemlich harmlos angesehen werden, solange sie Zeichen von echter Zuneigung sind. Dennoch gibt es einige, die es nicht sind – besonders wenn sie zu der eher schlimmen Kategorie gehören, die von den Einkommensteuer-Spezialisten als »Business-Geschenke« bezeichnet werden, und wir müssen uns generell vor einer zu bedenkenlosen Annahme der Großzügigkeit und Gastfreundschaft anderer Leute hüten.

31. Diese Formen der Enthaltung sind Grundregeln des Benehmens. Sie müssen ohne Vorbehalte – was Zeit, Ort, Zweck oder Kastenregeln betrifft – praktiziert werden.

Patanjali läßt keine Entschuldigungen und keine Ausnahme gelten. Wenn er uns zum Beispiel sagt, wir sollen uns enthalten, andere zu verletzen, meint er genau das, was er sagt. Er hätte keine Geduld mit einem Menschen, der ihm versichert: »Sicher werde ich mich vom Töten enthalten – ausgenommen, selbstverständlich, zu Kriegszeiten, auf einem Schlachtfeld, wenn wir für eine gerechte Sache kämpfen und es sowieso meine Pflicht als Mitglied der Armee ist.«

32. Die Niyamas (Regeln) sind: Reinheit, Zufriedenheit, Kasteiung, Studium und Hingabe an Gott.

Reinheit ist Sauberkeit, sowohl physisch als auch mental. Wenn ein Mensch von sich selbst denkt, daß er die Wohnstatt des Atman ist, wird er ganz von selbst fühlen, daß sein Körper und sein Geist rein gehalten werden müssen. Äußerliche Reinlichkeit ist höchst wichtig, wegen ihrer psychologischen Wirkung auf uns; der bloße Akt des Waschens deutet auf das Entfernen von mentalem wie auch physischem Schmutz hin. Nach einem ausgiebigen Bad sagen wir unwillkürlich: »Ah, jetzt fühle ich mich besser!«

Die inneren Organe des Körpers müssen durch das Befolgen einer geeigneten Diät gereinigt und gestärkt werden. Auf ähnliche Weise müssen wir eine mentale »Diät« befolgen, um den Geist zu reinigen und zu stärken. Wir müssen unser Lesen, unsere Unterhaltung und in der Tat unsere gesamte Aufnahme von mentaler »Nahrung« regeln. Wir müssen die Gesellschaft derer pflegen, die spirituell gesinnt sind. Dies schließt selbstverständlich kein absolutes Tabu für verschiedene Leute und Themen ein, die »weltlich« oder »sündhaft« sind. Solch ein negativer Puritanismus würde nur zu selbstgerechtem Stolz und dem heimlichen Wunsch nach dem, was verboten ist, führen. Was wirklich zählt, ist, wie immer, unsere eigene Haltung. Wenn wir nie in der Übung der Unterscheidung nachlassen, werden wir finden, daß jede menschliche Begegnung, alles, was wir lesen oder was uns gesagt wird, uns etwas lehren kann. Aber dieses unterscheidende Bewußtsein ist sehr schwer aufrechtzuerhalten, und so muß der Anfänger vorsichtig sein. Die Gefahr von Klatsch, seichter Unterhaltung, Eintagsjournalismus, populärer Dichtung, Radio-Liebesaffären[22] usw. ist einfach die: sie ermutigen uns, in eine entspannte

22 Anm. d. Ü.: Hier wird deutlich, daß dieses Buch in den fünfziger Jahren verfaßt wurde. Damals wußte man noch nichts von dem gewaltigen Ausmaß an Pornographie, Sex und Gewalt, welche heute im Fernsehen ausgestrahlt werden und so das Gemüt unserer Zeit prägen. Es ist ein Beweis für die Zunahme der spirituellen Dunkelheit im Kali-Yuga.

Träumerei hineinzugleiten, zuerst neutral, aber bald gefärbt von Ängsten, Süchten und Abneigungen, so daß das Gemüt dunkel und unrein wird. Reinheit des Geistes kann nur durch andauernde Wachsamkeit erreicht werden. »Einmal aus dem Gleichgewicht geworfen«, sagte der hl. Franz von Sales, »ist das Herz nicht mehr sein eigener Meister.«[23]

Ein indischer Lehrer sagt uns: »Sprich immer mit jedem über Gott.« Dies ist ein subtiler und gründlicher Ratschlag. Denn über Gott sprechen schließt nicht nur die Diskussion über offene »religiöse« Themen ein. Fast jedes Thema, egal wie scheinbar »weltlich« es sein mag, kann in Verbindung mit der unterliegenden Spiritualität gesehen werden. Es zählt nicht so sehr, *worüber* wir reden, sondern, *wie* wir darüber reden. Es ist auch nicht notwendig, solche Wörter wie »Gott«, »Geist«, »Gebet« usw. überhaupt zu benutzen. Diese Wörter dienen dazu, unsympathische Hörer abspenstig zu machen und ihnen das Gefühl zu geben, daß wir uns selbst abseits von ihnen auf einen Sockel von Heiligkeit stellen. Wir werden besser daran tun, uns zu erinnern, daß jedes menschliche Wesen, wie verworren auch immer, nach dem Sinn des Lebens sucht und eine Diskussion über diesen Sinn willkommenheißen wird, vorausgesetzt, daß wir ein Vokabular finden können, das ihrer oder seiner Lage entspricht.

Wenn wir die Unterhaltung auf diese Weise angehen und sie mit Nächstenliebe, Offenheit, Ehrlichkeit und ernsthaftem Interesse an der Meinung anderer führen, werden wir überrascht feststellen, wieviel stillschweigender spiritueller Austausch sich in einem scheinbar zufälligen Gespräch über alltägliche Ereignisse, Wissenschaft, Kunst, Politik oder Sport ergeben kann.

Was die anderen Regeln betrifft, so haben wir die Bedeutung von »Kasteiung« und »Studium« bereits im Kommentar zum ersten Aphorismus des zweiten Kapitels erläutert. »Zu-

23 Anm. d. Ü.: Franz von Sales (1567–1622) gründete den Orden der Salesianerinnen, zusammen mit J. F. de Chantal. 1665 wurde er heiliggesprochen.

friedenheit« bedeutet, sich in sein Los zu schicken, ohne Neid oder Rastlosigkeit zu empfinden. Da man religiösen Lehrern oft vorwirft, sie würden das passive Dulden eines ungerechten gegenwärtigen Zustandes predigen, ist es jedoch notwendig zu bemerken, daß Patanjali uns *nicht* sagt, wir sollten uns mit dem Schicksal anderer abfinden. Solch eine »Zufriedenheit« wäre nur gefühllose Gleichgültigkeit. Wir haben kein Recht dazu, einen ausgehungerten Bettler dafür zu tadeln, daß er unzufrieden ist. Vielmehr haben wir als Mitglieder einer sozialen Gemeinschaft die positive Pflicht, weniger begünstigten Mitmenschen zu besseren und angemessenen Lebensumständen zu verhelfen. Aber unsere Bemühungen in dieser Richtung werden viel effektiver sein, wenn sie nicht durch das Streben nach persönlichem Vorteil und Gewinn motiviert sind.

33. Um frei zu sein von Gedanken, die einen vom Yoga ablenken, müssen Gedanken entgegengesetzter Art gepflegt werden.

Dies ist die Technik, eine entgegengesetzte Gedankenwelle zu erwecken, um die ablenkenden Gedankenwellen im Geist zu überwinden. Sie wurde schon im Zusammenhang mit den ersten fünf Aphorismen des ersten Kapitels behandelt.

34. Die Hindernisse zum Yoga – wie Gewalthandlungen und Lüge – können direkt geschaffen oder indirekt verursacht oder gebilligt werden; sie können durch Habgier, Wut oder Selbstsucht motiviert sein, sie können klein oder mäßig oder groß sein, aber sie hören nie auf, in Leid und Unwissenheit zu enden. Man sollte ablenkende Gedanken überwinden, indem man sich an dies erinnert.

Alles was wir tun, sagen oder denken oder sogar indirekt verursachen oder passiv gutheißen, wird zwangsläufig Folgen haben – ob gute, schlechte oder beides –, und diese Folgen werden in einem gewissen Maße auf uns selbst wirken. Unsere heimlichsten bösen Wünsche für andere, unsere geringste Erlaubnis für Böses, das anderen zugefügt wird, kann nur enden, indem es uns weh tut, indem es unsere Unwissenheit und unser Leid erhöht. Dies ist ein absolutes Naturgesetz.[24]

Wenn wir uns immer daran erinnern könnten, sollten wir lernen, unsere Zunge und Gedanken zu beherrschen.

35. Wenn ein Mensch standfest wird in seiner Enthaltung, andere zu verletzen, dann hören alle lebenden Wesen auf, in seiner Gegenwart Feindschaft zu fühlen.

Wir sind daran gewöhnt, das Wort »harmlos« ziemlich abfällig zu gebrauchen; es ist schon fast gleichbedeutend mit »untauglich« geworden. Allerdings ist die vollkommene Harmlosigkeit eines Heiligen auf keinen Fall unwirksam; es ist eine positive, psychologische Kraft von enormer Macht. Wenn ein Mensch richtig und vollständig auf Gewalt in seinen Gedanken und in seinem Umgang mit anderen verzichtet hat, beginnt er eine Atmosphäre um sich herum zu schaffen, innerhalb deren die Gewalt und die Feindseligkeit aufhören müssen zu existieren, da sie keine Erwiderung finden. Auch Tiere sind sensibel für eine solche Atmosphäre. Wilde Tiere können zeitweise mit Peitschen eingeschüchtert werden, aber sie können nur gezähmt werden durch die Kraft aufrichtiger Harmlosigkeit, wie jeder gute Dresseur weiß. Eine Frau, die gewohnt war, mit giftigen Schlangen umzugehen, erklärte immer: »Sehen Sie, sie wissen, daß ich sie nicht verletzen werde.«

»Der Test von *Ahimsa* (Harmlosigkeit) ist die Abwesenheit von Eifersucht«, sagte Swami Vivekananda. »Man kann all die sogenannten Großen dieser Welt sehen, wie sie eifer-

24 Anm. d. Ü.: »Wie du säest, so sollst du ernten.« Dies drückt in einfacher Form das karmische Gesetz aus.

süchtig auf jeden werden wegen eines kleinen Namens, wegen eines bißchen Ruhms und wegen ein paar Stückchen Gold. Solange diese Eifersucht in einem Herzen existiert, ist es weit entfernt von der Vollkommenheit von Ahimsa.«

36. Wenn ein Mensch standhaft wird in seiner Enthaltung von Falschheit, bekommt er die Macht, für sich und andere die Früchte guter Taten zu erhalten, ohne daß er selbst die Taten auszuführen braucht.

Man sagt von einem gewöhnlichen Menschen, daß er wahrhaftig sei, wenn seine Worte den Tatsachen entsprechen, von denen er redet. Aber wenn ein Mensch in der Wahrhaftigkeit vollkommen wird, gewinnt er sozusagen Kontrolle über die Wahrheit.

Er braucht nicht länger den Tatsachen zu »gehorchen«; die Fakten gehorchen ihm. Er kann keine Lüge denken oder sogar träumen; alles was er sagt, wird wahr. Wenn er jemanden segnet, dann *ist* diese Person gesegnet – ob der Segen verdient war oder nicht. Mit anderen Worten: Er hat die Macht, die »Früchte guter Taten« zu übertragen, in einer Weise, die nicht dem Gesetz von Karma unterworfen ist. Er kann auch wunderbare Heilungen vollbringen, indem er einfach dem Kranken sagt, daß er wohlauf sei.

37. Wenn ein Mensch standhaft wird in seiner Enthaltung vom Diebstahl, kommt jeder Reichtum zu ihm.

Dieser Aphorismus kann auf zwei Arten erklärt werden. Erstens, wenn ein Mensch frei wird von allen Gefühlen der Habsucht, erleidet er nicht länger den Mangel an irgend etwas; er ist deshalb in derselben Lage wie der reichste Mensch auf Erden. Zweitens ist es wahr, daß ein Mangel an Begierde nach materiellem Gewinn tatsächlich in vielen Fällen diesen Gewinn anzuziehen scheint. Wie Vivekananda es ausdrückt:

»Je mehr du vor der Natur fliehst, desto mehr folgt sie dir, und wenn du dich überhaupt nicht um sie kümmerst, wird sie dein Sklave.«

38. Wenn ein Mensch standfest wird in seiner Enthaltung von Unkeuschheit, erlangt er spirituelle Energie.

Sexuelle Aktivität und die Gedanken und Phantasien über Sex verbrauchen einen großen Teil unserer vitalen Kraft. Wenn diese Kraft durch Enthaltsamkeit erhalten bleibt, wird sie als spirituelle Energie sublimiert. Solche Energie ist unverzichtbar für einen spirituellen Lehrer; sie ist die Kraft, mit der er das Verständnis auf seine Schüler überträgt. Denn wahre Religion wird nicht »gelehrt« wie Geschichte oder Mathematik; sie wird übertragen wie Licht oder Wärme.

39. Wenn ein Mensch standfest wird in seiner Enthaltung von Habgier, erlangt er das Wissen seiner vergangenen, jetzigen und zukünftigen Existenzen.

Bindung und die Angst, die die Bindung begleitet, sind Hindernisse zum Wissen. Solange du dich verzweifelt an die Wand eines Abgrundes klammerst (und damit an dein Leben), bist du nicht in der Lage, die Stelle, von der du hochgeklettert bist, oder die Stelle, wo du hinkletterst, zu überschauen. So sagt uns Patanjali, daß Freiheit von der Bindung Wissen über den ganzen Weg unserer menschlichen Reise zur Folge haben wird, durch vergangene und zukünftige Existenzen. Solches Wissen würde natürlich in sich selbst einen Beweis für die Theorie der Reinkarnation darstellen.

40. Als Resultat von Reinheit erhebt sich Gleichgültigkeit gegenüber dem Körper und Widerwillen gegenüber dem physischen Verkehr mit anderen.

41. Außerdem erreicht man Reinigung des Herzens, Heiterkeit des Gemüts, die Kraft der Konzentration, Kontrolle der Leidenschaften und Tauglichkeit für die Vision des Atman.

Patanjali beschreibt nun die Resultate, die erreicht werden, wenn man die verschiedenen Regeln (*Niyamas*) praktiziert.

Der physische Körper ist die gröbste und die äußerlichste Manifestation unseres Bewußtseins. Sowie das Gemüt eines Menschen gereinigt wird, verliert er natürlich seinen Sinn der Identifikation mit seinem Körper. Deshalb wird er immer gleichgültiger ihm gegenüber, indem er ihn nur als ein äußeres Kleid ansieht, welches weder neu noch sauber ist. Außerdem hört er auf, die Körper von anderen zu begehren, da er diese Körper nicht länger mit dem Bewußtsein identifiziert, das darin wohnt. Wenn wir wirklich den Atman in den anderen kennen und lieben würden, würde der sexuelle Akt uns völlig unsinnig erscheinen. Wenn man erkannt hat, daß der Atman überall ist und immer eine Einheit bildet, weshalb sollten dann zwei äußere Hüllen sich umarmen?

Reinheit des Geistes zeigt sich selbst in der Stimmung eines Menschen. Er wird zunehmend von Sattva beherrscht, der Guna der Erleuchtung und des friedvollen Glücks. »Das erste Zeichen, daß du religiös wirst«, sagt Vivekananda, »ist, daß du fröhlich wirst. Für den Yogi ist alles Glückseligkeit; jedes menschliche Gesicht, das er sieht, bringt ihm Fröhlichkeit. Unglück wird durch Sünde verursacht und durch nichts anderes. Was hast du mit einem traurigen Gesicht zu tun? Wenn du ein trauriges Gesicht hast, gehe an dem Tag nicht aus, schließe dich in dein Zimmer ein. Welches Recht hast du, dieses Leiden in der Welt umherzutragen?«

42. Als Resultat von Zufriedenheit erreicht man höchstes Glück.

Es lohnt sich, die Umstände solcher Gelegenheiten zu analysieren, bei denen wir wirklich glücklich waren. Denn, wie John Masefield sagt, »die Tage, die uns glücklich machen, machen uns weise«. Wenn wir auf sie zurückblicken, werden wir fast sicher finden, daß sie eines gemeinsam hatten: Es waren Zeiten, in denen wir aus diesem oder jenem Grund aufgehört hatten, uns ängstlich zu fühlen; wenn wir – wie wir es selten tun – in den Tiefen des Augenblicks lebten, ohne die Vergangenheit zu bedauern und uns um die Zukunft zu sorgen. Dies ist, was Patanjali mit Zufriedenheit meint.

Es gibt natürlich auch das Glück, welches aus der Befriedigung eines Wunsches kommt. Dies kann sehr intensiv sein, aber es ist durch seine eigene Natur auf eine vergleichbar kurze Dauer beschränkt, da die Befriedigung eines Wunsches sofort einen anderen hervorbringt, und so endet der Moment des Glücks in weiterer Unruhe. Und sogar die Befriedigung selbst hat gleichsam einen allgegenwärtigen Schatten hinter sich. Marcel Proust sagt, als er über sexuelle Liebe schrieb, daß sie »eine dauernde Belastung von Leiden enthält, die das Glück neutralisiert, aber was zu jedem Moment das werden kann, was es schon lange gewesen wäre, hätten wir nicht das erreicht, was wir gesucht haben, reiner Todeskampf«. Diese unangenehme Wahrheit wird im Rückblick sehr augenscheinlich. Und wenn ihre eure Erinnerungen vergleicht, werdet ihr gewöhnlich finden, daß die Momente der Befriedigung undeutlich und verworren geworden sind, während die Momente der Zufriedenheit viele Jahre hindurch geblieben sind.

Logischerweise gibt es keine Ursache, weshalb Zufriedenheit Glück verursachen soll. Man könnte – wenn man es nie erfahren hat – verstandesmäßig annehmen, daß die Abwesenheit von Wünschen nur eine stumpfe, neutrale Stimmung produzieren würde, in gleicher Weise ohne Freude und ohne Leid. Die Tatsache, daß dem nicht so ist, ist ein eindrucksvoller Beweis dafür, daß intensives Glück, die Freude des Atman, immer in uns ist; daß es, egal zu welcher Zeit, freigesetzt werden kann, indem wir die Schranken von Begierde und Angst niederreißen, die wir rundherum aufgerichtet haben. Wie könnten wir sonst so glücklich sein ohne irgendeine offensichtliche Ursache?

43. Als Resultat der Kasteiung werden Unreinheiten entfernt. Dann kommen spezielle Kräfte in den Körper und die Sinnesorgane.

Die Praxis der Selbstdisziplin verfeinert unsere Sinneswahrnehmungen und sogar unsere physische Substanz, bis wir uns latenter psychischer Kräfte bewußt werden, wie etwa der Kraft des Hellsehens, der Gedankenübertragung, der Levitation usw. ...

44. Als Resultat des Studiums erreicht man die Vision von dem Aspekt Gottes, den man zur Anbetung ausgewählt hat.

Wie wir schon notiert haben (Kapitel II, Aphorismus 1), meint Patanjali mit Studium nicht nur das Lesen der Schriften, sondern auch die Praxis des Japa, das heißt, das Wiederholen des Mantras (der heilige Name eines gewählten Aspektes Gottes), welches der Lehrer im Moment der Initiation gegeben hat (I,27–29). Patanjali bezieht sich hier speziell auf die Praxis des Japa.

45. Als Resultat der Hingabe an Gott erreicht man Samadhi.

Dieser und der vorhergehende Aphorismus, beide beziehen sich auf das, was *Bhakti-Yoga* genannt wird. Wir haben diese Yoga-Arten oder Pfade zur Vereinigung mit Gott schon erwähnt. Um der Klarheit willen ist es nun angebracht, die vier wichtigsten zu erklären.

Bhakti-Yoga ist der Pfad liebender Hingabe an Gott. Er wird mit Hilfe von ritueller Verehrung, Gebet und Japa ausgedrückt. Es ist die Kultur einer direkten, intensiven, persönlichen Beziehung zwischen dem Verehrer und dem Verehrten. In der Praxis des Bhakti-Yoga wird ein besonderer Aspekt Gottes oder einer göttlichen Inkarnation ausgewählt, damit die Liebe des Verehrers sich leichter konzentrieren kann. Für diejenigen, die natürlicherweise zu dieser Annäherung neigen, ist es wahrscheinlich der einfachste Weg von allen. Und es gibt keinen Zweifel, daß die große Mehrzahl der Gläubiger aller Hauptreligionen der Welt grundsätzlich Bhakti-Yogis sind.

Karma-Yoga ist der Pfad selbstloser, gottgeweihter Handlung. Indem man die Früchte seiner Arbeit Gott widmet und indem man immer mit den richtigen Mitteln für die richtigen Ziele arbeitet (das nach Wissen und Fähigkeit Beste zu irgendeinem bestimmten Zeitpunkt), kann man nach und nach Weisheit und Nicht-Haftung erlangen. Handlung wird durch Handlung transzendiert. Die Fesseln der Bindung fallen ab. Das Rad des Karma hört auf, sich zu drehen. Friede tritt in das Gemüt ein. Und Brahman wird erkannt. Karma-Yoga ist der Pfad, der am besten zu energischen Temperamenten paßt, welche dem Ruf von Pflicht und Dienst in der Welt der menschlichen Angelegenheiten folgen. Er leitet solche Menschen durch die Gefahren von Übereifer und übermäßiger Angst und zeigt ihnen, wie man »die Untätigkeit, die in der Handlung ist«, findet, die Ruhe inmitten des Tumults. Die Ratschläge von Sri Krishna an Arjuna in der Gita handeln hauptsächlich von der Praxis des Karma-Yoga.

Jnana-Yoga ist der Pfad der intellektuellen Unterscheidungsfähigkeit, der Weg, Brahman durch Analyse der wahren Natur der Phänomene zu finden. Der Jnana-Yogi weist alles zurück, was vergänglich und augenscheinlich und oberflächlich ist, indem er sagt: »nicht dies, nicht das«, und so schließlich durch den Prozeß der Eliminierung zu Brahman kommt. Es ist ein schwieriger Pfad, welcher enorme Willenskraft und Klarheit des Geistes erfordert. Er ist nicht für gewöhnliche Menschen geeignet. Aber er hat viele ungewöhnliche Männer und Frauen angezogen und Heilige aus ihnen gemacht, welche sonst keine Religion in irgendeiner Form angenommen hätten.

Raja-Yoga wird oft der Yoga der Meditation genannt. Er ist nicht so leicht zu definieren wie die anderen Yogas, da er sie in gewissem Sinne alle vereinigt. Meditation kann gottgeweihte Handlungen (d. h. rituelle Verehrung), Unterscheidungsvermögen und Konzentration auf einen ausgewählten Aspekt Gottes umfassen. Raja-Yoga ist auch interessiert am Studium des Körpers als Fahrzeug der spirituellen Energie. Er beschreibt zum Beispiel die Natur und die Funktion der verschiedenen psychischen Zentren[25] wie den »Lotos des Herzens«, auf den schon hingewiesen wurde (Kapitel I, Aphorismus 36).

Da Raja-Yoga den Wert formaler, wissenschaftlicher Meditation betont, ist er in erster Linie für die geeignet, die ein mönchisches oder wenigstens ein hauptsächlich kontemplatives Leben zu führen wünschen. Aber er sollte sicherlich von jedem spirituell gesinnten Menschen studiert werden. Er lehrt uns die Wichtigkeit der Technik im Gebet.

Natürlich sollten diese Kategorien nicht zu strikt angewandt werden, um zwischen der Vielfalt der spirituellen Temperamente zu unterscheiden. Ein Yoga kann nicht unter vollständigem Ausschluß der anderen praktiziert werden. Niemand, der einem wahren religiösen Pfad folgt, kann das ohne Liebe, Unterscheidungsvermögen und hingebungsvoller Handlung tun. Niemand kann völlig auf Meditation verzichten. Liebe ohne Unterscheidungsfähigkeit verfällt in Sentimentalität.

Unterscheidungsvermögen ohne Liebe führt zu spirituellem Stolz. Und wir sind alle in Handlung verwickelt, »wie

25 Anm. d. Ü.: Der Sanskrit-Ausdruck für psychisches Zentrum lautet »Chakra« (= Rad).

Feuer in Rauch«. Das Christentum, zum Beispiel, ist überwiegend eine Bhakti-Annäherung an Gott, doch unter den Heiligen finden wir solche Jnana-Typen wie Thomas von Aquin und solche Karma-Yogis wie Vinzenz von Paul. Es ist alles eine Frage der Betonung; und letztlich hat jeder von uns seine eigene Mischung von Yogas. Aber die Befolgung der »Glieder des Yoga« ist essentiell, egal, welchen Yoga man befolgt.

Über das Thema des Bhakti-Yoga soll im folgenden eine aufgezeichnete Unterhaltung zwischen Sri Ramakrishna und einem seiner Schüler zitiert werden.

> Schüler: »Herr, hat Gott eine Form, oder ist Er formlos?«
>
> Sri Ramakrishna: »Niemand kann mit Bestimmtheit sagen, daß Er ›dies‹ und ›nichts anderes‹ ist. Er ist formlos und wiederum mit Formen. Für einen Verehrer nimmt Er Formen an. Er ist formlos für den Jnani, der, indem er dem Pfad der Unterscheidung folgt, in seinem inneren Sein die Nichtigkeit seines Ego und der Welt der Erscheinung erfahren hat. Sie sind wie ein Traum. Er realisiert Brahman in seinem inneren Bewußtsein. Worte können die Realität nicht ausdrücken. Für den Verehrer ist die Welt wirklich, eine Schöpfung Gottes, und er selbst ist auch wirklich als ein getrenntes Wesen. Für den Verehrer erscheint Gott als ein Persönliches Wesen.
>
> Weißt du, wie es ist? Vergleiche Brahman mit einem Ozean, der uferlos ist. Durch den abkühlenden Einfluß, sozusagen, der intensiven Liebe des Verehrers ist das formlose Wasser an verschiedenen Stellen zu Eisblöcken gefroren. Das heißt, Gott offenbart sich manchmal seinen Verehrern als eine Person und mit Formen. Dann, mit dem Aufkommen der Sonne des Wissens, schmelzen die Eisblöcke wieder; dann sieht man ihn weder als eine Person, noch sieht man seine Formen. Wer ist dann da, um wen zu beschreiben? Das Ego ist dann vollständig verschwunden.«
>
> Schüler: »Herr, weshalb gibt es so viele auseinandergehende Meinungen über die Natur Gottes?«

Sri Ramakrishna: »In Wahrheit widersprechen sie sich nicht. Wie ein Mensch sich realisiert, so drückt er sich selbst aus. Wenn man Ihn irgendwie erreicht, dann findet man keinen Widerspruch ... Kabir pflegte zu sagen: ›Das formlose Absolute ist mein Vater, und Gott mit Form ist meine Mutter.‹«

Schüler: »Herr, kann man Gott sehen? Wenn ja, weshalb können wir Ihn nicht sehen?«

Sri Ramakrishna: »Ja, Er kann sicherlich gesehen werden. Man kann Ihn mit Form und man kann Ihn auch als formlos sehen.«

Schüler: »Mit welchen Mitteln kann man Ihn dann sehen?«

Sri Ramakrishna: »Kannst du mit sehnsüchtigem Herzen für Ihn weinen? Die Menschen vergießen einen Krug voll Tränen für ihre Kinder oder ihre Frau oder ihr Geld. Aber wer weint für Gott? Solange das Kind mit seinem Spielzeug beschäftigt ist, solange ist die Mutter mit ihren Haushaltspflichten beschäftigt. Wenn das Kind seiner Spielsachen überdrüssig wird, sie wegschmeißt und nach der Mutter schreit, dann läuft die Mutter eilig hin und nimmt das Kind in ihre Arme.«

Genauso wie der Verehrer den besonderen Aspekt Gottes wählen kann, welchen er am liebsten verehren möchte, so mag er auch eine besondere Art der Beziehung wählen, die er zwischen sich und Gott aufbauen möchte. Für Jesus war Gott ein Vater. Für Ramakrishna war Gott eine Mutter. Bruder Lorenz sah sich selbst als Diener Gottes.

Die weisen Männer des Ostens verehrten Gott als das Christuskind. In der Person Sri Krishnas sah Arjuna Gott als einen Freund, während Radha ihn als einen Geliebten sah. So können alle menschlichen Beziehungen durch die Praxis des Bhakti-Yoga sublimiert werden.

46. Körperhaltung (Asana) sollte man in einer festen, jedoch entspannten Stellung sitzend einnehmen.

Asana bedeutet zwei Dinge: die Stelle, wo der Yogi sitzt, und die Art, wie er dort sitzt. Im Hinblick auf die erste Bedeutung sagt uns die Gita: »Die Stelle, wo er sitzt, sollte fest sein, nicht zu hoch und nicht zu tief, und an einer sauberen Stelle gelegen. Er sollte sie zuerst mit heiligem Gras, dann mit einem Hirschfell bedecken; dann ein Tuch über diese legen.« Das waren die traditionellen Bedingungen; aber irgendein passender, fester Sitz wird es genausogut tun.

Die Haltung ist auch von der indischen Tradition festgelegt. Der berühmteste Asana ist der sogenannte Lotossitz, in welchem der Yogi mit übereinandergeschlagenen Beinen sitzt, mit eingezogenen Füßen, damit sie auf den Oberschenkeln ruhen. Und es gibt viele andere, welche eine noch viel größere Biegsamkeit der Glieder verlangen. Wie dem auch sei, wirklich wichtig ist, eine Haltung einzunehmen, in welcher man völlig still und aufrecht sitzen kann, indem man die Brust, den Hals und den Kopf in einer geraden Linie halten kann; aber ohne Anstrengung, so daß man den Körper ganz vergessen kann. Dies ist keineswegs leicht am Anfang. Ältere Anfänger mögen es am besten finden, aufrecht in einem Stuhl zu sitzen. Aber es ist weiser, auf dem Boden zu sitzen, denn wenn ein gewisser Grad an tiefer Versenkung erreicht wurde, besteht immer die Gefahr zu fallen. Die Wichtigkeit, den Körper aufrecht zu halten, muß sogar für die offensichtlich sein, die noch nie Meditation praktiziert haben. Es ist eine allgemeine Erfahrung, daß man klarer in dieser Position denkt, als wenn man mit gekrümmtem Rücken dasitzt. Aber für den Yogi ist die aufrechte Haltung unbedingt notwendig. Wenn der Geist tief versunken ist, fühlt man einen spirituellen Strom, der durch das Rückgrat aufsteigt; und der Durchgang für diesen Strom muß gerade und offen gehalten werden. Mehr über dieses Thema wird im Kommentar zu den Aphorismen 49 und 50 dieses Kapitels gesagt werden.

47. Die Haltung wird fest und entspannt durch die Kontrolle der natürlichen Tendenzen des Körpers und durch die Meditation über das Unendliche.

Eine gute natürliche Haltung ist sehr selten. Die meisten Menschen halten sich schlecht und sind allen möglichen physischen Spannungen unterworfen. Der Asana muß deshalb durch sorgfältige Übung vervollkommnet werden. Das Ziel ist, eine unangestrengte Wachsamkeit zu erlangen, in welcher der Körper perfekt fest und doch vollkommen entspannt ist. Da ein schlecht angepaßter Körper nur einen angespannten und ruhelosen Zustand des Gemütes ausdrückt, werden wir angewiesen, über das zu meditieren, was unendlich ist. Unser Geist ist unfähig, sich den unendlichen Brahman vorzustellen; aber an seiner Stelle können wir an die grenzenlose Ausdehnung des Himmels denken.

48. Danach ist man nicht mehr länger durch die Dualitäten der Sinneserfahrung gestört.

Das heißt, durch das, was die Gita die »Gegensatzpaare« nennt, die augenscheinlichen Dualitäten der phänomenalen Welt – so wie Hitze und Kälte, Vergnügen und Leid, gut und schlecht usw.

Solch eine vollständige Herrschaft über den Körper kommt selbstverständlich nicht durch die Haltung allein. Sie kommt durch einen Zustand der Versenkung in das Bewußtsein Gottes auf. Patanjali fährt fort, die weiteren Praktiken zu beschreiben, die nötig sind, um diesen Zustand zu erreichen.

49. Nachdem man die Haltung gemeistert hat, muß man Kontrolle des Prana (Pranayama) üben, indem man die Bewegungen des Ein- und Ausatmens stoppt.

50. Der Atem kann äußerlich oder innerlich gestoppt oder in halber Bewegung kontrolliert werden und entsprechend der Stelle, der Zeit und einer festgesetzten Anzahl von Momenten reguliert werden, so daß der Stillstand entweder in die Länge gezogen wird oder kurz ist.

Wie wir gesehen haben (Kapitel I, Aphorismus 34), meint Prana die vitale Energie, durch die wir leben. Da diese Energie beim Atmen erneuert wird, kann Prana manchmal mit »Atem« übersetzt werden; aber das Wort hat ein viel weiteres Bedeutungsspektrum – weil alle Kräfte des Körpers, alle Funktionen der Sinne und der Geist als Ausdruck der Kraft des Prana angesehen werden.
In der Prasna Upanishad steht folgendes:

> Dann näherte Bharghava sich dem Lehrer und fragte: »Heiliger Herr, wie viele verschiedene Kräfte halten diesen Körper zusammen? Und welche ist am meisten in ihm ausgedrückt? Und welche ist die größte?«
> »Die Kräfte«, erwiderte der Weise, »sind Äther, Luft, Feuer, Wasser, Erde – dies sind die fünf Elemente, welche den Körper zusammensetzen; und daneben diese: Sprache, Geist, Auge, Ohr und der Rest der Sinnesorgane. Einmal behaupteten diese Kräfte prahlerisch: ›Wir halten den Körper zusammen und ernähren ihn.‹ Worauf Prana, die Urenergie, Herr über alle, zu ihnen sagte: ›Betrügt euch nicht selbst. Ich bin es allein, indem ich mich fünffach teile, was diesen Körper zusammenhält und ihn ernährt.‹ Aber sie wollten ihm nicht glauben.
> Um sich selbst zu rechtfertigen, tat Prana so, als ob es vorhätte, den Körper zu verlassen. Aber als es sich erhob und zu gehen schien, realisierte der ganze Rest, daß, wenn es gehen würde, alle anderen mit ihm gehen müßten; und als Prana sich wieder setzte, fand der Rest seine respektiven Plätze. Wie Bienen ausziehen, wenn die Königin auszieht, und zurückkommen, wenn sie zurückkommt, so war es mit der Sprache, dem Geist, dem Gesicht, dem Gehör und

dem Rest. Ihren Irrtum einsehend, lobten die Kräfte nun Prana und sagten:
›Als Feuer brennt Prana; als Sonne scheint es; als Wolke regnet es; als Indra herrscht es über die Götter; als Wind bläst es; als der Mond ernährt es alle. Es ist das, was sichtbar ist und auch das, was unsichtbar ist. Es ist unsterbliches Leben.‹«

Entsprechend der Physiologie des Raja-Yoga ist eine riesige Reserve an spiritueller Energie an der Basis des Rückgrates vorhanden. Diese Energiereserve ist als *Kundalini* bekannt, »das, was aufgerollt ist«; deshalb wird sie manchmal als die »Schlangenkraft« bezeichnet. Wenn die Kundalini aufsteigt, sagt man, daß sie entlang des Rückgrates durch sechs Bewußtseinszentren hochsteigt und das siebte, das Zentrum des Gehirns, erreicht. Sowie sie die höheren Zentren erreicht, produziert sie verschiedene Grade der Erleuchtung. Der Vorgang läßt sich am besten mit den Worten Ramakrishnas erklären:

Die Schriften sprechen von sieben Zentren des Bewußtseins. Der Geist kann in dem einen oder anderen dieser Zentren sein. Wenn der Geist an die Weltlichkeit gebunden ist, wohnt er in den drei unteren Zentren – im Nabel, im Organ der Fortpflanzung und dem Organ der Ausscheidung. Der Geist hat keine höheren spirituellen Ambitionen oder Einsichten. Er ist eingetaucht in die Sehnsucht nach Lust und Gier.
Das vierte Zentrum liegt im Herzen. Wenn der Geist lernt, hier zu wohnen, erlebt der Mensch sein erstes Erwachen. Dann sieht er Licht überall um sich herum. Indem er dieses göttliche Licht sieht, wird er mit Staunen erfüllt und sagt: »Ach, wie glückselig!« Dann geht sein Geist nicht zu den unteren Zentren.
Das fünfte Zentrum liegt an der Kehle. Derjenige, dessen Geist dieses Zentrum erreicht hat, ist von Unwissenheit und Täuschung befreit. Er freut sich über nichts anderes, als von Gott zu hören und zu sprechen.

Das sechste Zentrum liegt an der Stirn. Wenn der Geist dieses Zentrum erreicht, hat man die direkte Vision von Gott, Tag und Nacht. Aber selbst dann ist noch eine kleine Spur von Ego im Aspiranten übrig ... Es ist wie das Licht in einer Laterne; man hat das Gefühl, man könnte das Licht berühren, aber man kann es nicht, wegen der blockierenden Glasscheibe.

Das siebte Zentrum liegt am Scheitel des Kopfes. Wenn der Geist es erreicht, ist Samadhi erlangt. Man wird ein Kenner Brahmans, vereint mit Brahman.

Das Studium des Raja-Yoga kann sehr hilfreich sein für diejenigen, deren Geist durch eine konventionelle puritanische Erziehung verdreht wurde. Die Gefahr des Puritanismus liegt darin, daß er uns geneigt macht, verschiedene Funktionen und Kräfte des Körpers als schlecht und andere Funktionen und Kräfte als gut anzusehen, ohne eine Verbindung zwischen den beiden Gruppen herzustellen. Raja-Yoga erinnert uns daran, daß der Geist-Körper nur eine Lebenskraft hat. Diese Kraft drückt sich auf verschiedenen Wegen auf unterschiedlichen Ebenen des Bewußtseins aus. Sie kann einen Menschen drängen, ein Bild zu malen, ein Rennen zu laufen, Geschlechtsverkehr zu haben oder sein Gebet zu sprechen. Aber es ist immer dieselbe Kraft, wohin sie einen auch führt; genauso wie in einem Kaufhaus derselbe Fahrstuhl euch zu den Damenhüten, zur Sportabteilung, zu den Möbeln und zum Restaurant auf dem Dach mitnimmt. Einige Leute, die Freud gelesen (und mißverstanden) haben, sind geneigt, spöttisch zu sagen: »Religion ist nichts als unterdrückter Sex.« Und diese Bemerkung soll uns schockieren, damit wir mit Abscheu die Religion aufgeben. Aber es hätte Patanjali nicht im geringsten geschockt, obschon er sich vielleicht über diese Dummheit lustig gemacht hätte. »Sex«, hätte er geantwortet, »ist nichts als potentielle Religion. Gebrauche dieselbe Energie für einen höheren Zweck, und du wirst Erleuchtung erlangen.«

Gemäß dem Raja-Yoga enthält die Wirbelsäule zwei Nervenströme (*Ida* auf der linken und *Pingala* auf der rechten Seite) und einen zentralen Kanal, der *Sushumna* genannt wird. Wenn die Kundalini erweckt ist, steigt sie in der Sushumna hoch, die beim normalen unspirituellen Menschen verschlossen ist. Indem er von den Zentren des Nabels, des Herzens, der Kehle usw. spricht, gebraucht Ramakrishna physische Ausdrücke, um die ungefähre Lage der Zentren anzugeben, welche tatsächlich in der Sushumna selbst gelegen sind.

Diese Zentren werden in der Yoga-Literatur auch oft »Lotos« genannt, weil man sagt, daß sie denen in der Form eines Lotos erscheinen, deren spirituelle Vision es ihnen ermöglicht, sie zu sehen (siehe I,36). Vivekananda schlägt vor, daß wir sie uns als die verschiedenen Nervengeflechte (Plexus) der westlichen Physiologie denken. Wie wir gesehen haben, macht die Yoga-Physiologie keine genaue Trennung zwischen grober und feiner Materie; es ist alles eine Frage des Grades.

Vivekananda sagt: »Wenn durch die Kraft langer innerlicher Meditation die riesige Masse von gespeicherter Energie entlang der Sushumna hochsteigt und auf die Zentren trifft, dann ist die Wirkung gewaltig, viel größer als die Wirkung von Traum oder Einbildung, ungeheuer intensiver als die Wirkung der Sinneswahrnehmung. Wo auch immer eine Manifestation von dem stattfindet, was gewöhnlich übernatürliche Kraft oder Weisheit genannt wird, dort muß ein kleiner Strom der Kundalini seinen Weg in die Sushumna gefunden haben. Nur, in den meisten dieser Fälle sind die Leute unwissend über eine Praxis gestolpert, welche einen kleinen Teil der aufgerollten Kundalini freigesetzt hat. Jede Verehrung führt bewußt oder unbewußt zu diesem Ziel. Der Mensch, der meint, daß er eine Antwort auf seine Gebete erhalten hätte, weiß nicht, daß die Erfüllung von seiner eigenen Natur kommt, daß er es durch die mentale Haltung des Betens geschafft hat, einen Teil dieser unendlichen Kraft aufzuwecken, die in ihm aufgerollt ist. Was der Mensch auf diese Weise unwissentlich unter verschiedenen Namen verehrt, durch Angst und Drangsal, erklärt der Yogi der Welt, ist die wahre Kraft, aufgerollt in jedem Wesen, die Mutter des ewigen Glücks, wenn wir nur wissen, wie man sich ihr nähert. Und Yoga ist die Wissenschaft der Religion, das Grundprinzip jeder Verehrung, jedes Gebetes, jeder Form, jeder Zeremonie und jedes Wunders.«

Das Ziel von Pranayama ist es, die Kundalini zu wecken und hierdurch das Prana, die vitale Energie, zu kontrollieren. Wie bereits gesagt wurde, manifestiert Prana sich in erster Linie in der Funktion des Atmens. Deshalb kann die Kontrolle des Prana mit der Praxis von Atemübungen erreicht werden.

Die ganze Technik des Pranayama dreht sich um das Anhalten des Atems. Wenn der Atem nach einer Ausatmung kontrolliert wird, wenn die Lungen von Luft geleert worden sind, wird das Stoppen »äußerlich« genannt. Wenn der Atem nach einer Einatmung kontrolliert wird, so ist dies ein »innerliches« Stoppen. Mit »Stelle« ist der spezifische Teil des Körpers gemeint, wo der Atem kontrolliert wird – da eine Einatmung oder Ausatmung nicht notwendigerweise komplett sein muß. Außerdem kann der Atem auch für eine bestimmte Zeit angehalten werden.

Dies sind sehr technische Dinge, welche nur einen kleinen Platz in diesem Kommentar haben, da wir uns hauptsächlich mit Patanjalis spiritueller und philosophischer Lehre befassen. Was betont werden muß, ist dies: Niemand sollte die fortgeschrittenen Übungen des Pranayama ohne die dauernde Aufsicht eines erfahrenen Lehrers durchführen. Und man sollte sie unter keinen Umständen praktizieren, es sei denn, man führt ein absolut keusches Leben, das vollständig der Suche nach Gott geweiht ist. Sonst können sie leicht zu mentalen Störungen der schlimmsten Art führen. Diejenigen, die andere ermutigen, solche Praktiken aus Neugier oder Eitelkeit zu übernehmen, kann man nur als kriminell bezeichnen. Die enorme Kraft der Kundalini ist nichts, womit man leichtsinnig spielt oder was man mißbraucht.

Wie dem auch sei, es gibt eine harmlose Atemübung, die angewendet werden kann, um den Geist zu beruhigen und die Konzentration vorzubereiten. Schließe das rechte Nasenloch mit dem Daumen der rechten Hand, und atme tief durch das linke Nasenloch ein. Fühle währenddessen, daß du das reine und heilige Prana im Lebensatem einatmest und einen Strom durch den Ida-Nerv hinunter zur Kundalini schickst, welche in ihrem grundlegenden dreieckigen Lotos am unteren Teil des Rückgrates liegt. Halte den Atem einen Moment an, indem du die heilige Silbe OM wiederholst. Dann schließe, sobald du das rechte Nasenloch losläßt, das linke Nasenloch mit dem Zeigefinger.[26] Atme durch das rechte Nasenloch aus, fühle, während du das tust, daß du alle Unreinheiten aus dem Körper vertreibst. Dann atme durch das rechte Nasenloch ein, indem du noch immer das linke Nasenloch geschlossen hältst, und schicke den Strom am Pingala-Nerv hinunter, und wiederhole den Vorgang in umgekehrter Reihenfolge. (Mit anderen Worten, nur ein Nasenloch ist jeweils offen, und der Wechsel erfolgt immer genau vor dem Ausatmen.) Diese Übung kann für ein paar Minuten durchgeführt werden, bis man ihre beruhigende Wirkung fühlt. Sie kann keinen Schaden zufügen, da sie nicht erfordert, den Atem übermäßig anzuhalten oder den Körper mit zu viel Sauerstoff zu überreizen.

51. Die vierte Art des Pranayama ist der Stopp des Atems, der durch Konzentration auf äußerliche oder innerliche Objekte verursacht wird.

Die beiden vorhergehenden Aphorismen haben drei Arten des Pranayama beschrieben: Einatmung, Ausatmung und das Anhalten des Atems für eine bestimmte Anzahl von Momenten. Diese Vorgänge werden alle durch den bewußten Willen

26 Anm. d. Ü.: Hier wird der Einfachheit halber der Zeigefinger angegeben, obschon dieser Finger grundsätzlich nie in rituellen Handlungen gebraucht wird. Meistens wird der Ringfinger dafür benutzt, manchmal auch der Mittelfinger und der Ringfinger zusammen. Dies gilt auch für den Kommentar zu III,52.

kontrolliert; sie sind Teil einer vorsätzlichen Übung. Aber dieser vierte Vorgang ist ungewollt und natürlich. Wenn ein Mensch durch Übungen vollständige Kontrolle über das Prana erlangt hat, oder wenn er eine bestimmte Stufe spiritueller Entwicklung durch die Hingabe an Gott erreicht hat, ohne Pranayama zu praktizieren, dann kann sein Atem von sich aus zu jeder Zeit aufhören, während er tief in Konzentration versunken ist.

Dieser natürliche Stopp des Atems kann für viele Sekunden oder Minuten andauern; er wird es nicht einmal bemerken.[27] Im Zustand des Samadhi hört das Atmen gelegentlich vollständig über Stunden hinweg auf. Diese Art des Anhaltens des Atems ist nicht gefährlich, da es nur geschehen kann, wenn ein Mensch genügend entwickelt ist und es ertragen kann.

52. Als Resultat davon wird die Verdeckung des Inneren Lichtes entfernt.

»Das Innere Licht« ist das Licht der spirituellen Unterscheidungsfähigkeit zwischen dem Wahren und dem Unwahren. »Die Verdeckung« besteht aus Unwissenheit, produziert von unseren vergangenen Karmas. Sobald das Gemüt durch die Praxis des Pranayama gereinigt wird, wird diese Unwissenheit nach und nach zerstreut.

53. Der Geist gewinnt die Kraft der Konzentration (Dharana).

Patanjali wird den Begriff Konzentration im ersten Aphorismus des nächsten Kapitels definieren.

27 Anm. d. Ü.: Spontaner Stopp des Atems wird »Kumbhaka« genannt. Siehe hierzu auch Fußnote 13, betreffend die physiologischen Untersuchungen über Meditation.

54. Wenn der Geist von den Sinnesobjekten zurückgezogen ist, ziehen sich auch die Sinnesorgane selbst von ihren jeweiligen Objekten zurück und ahmen so den Geist nach. Dies ist als Pratyahara bekannt.

55. Daraus entsteht die vollständige Herrschaft über die Sinne.

Genauso wie die Provinzen eines Landes kontrolliert werden, indem man zuerst die zentrale Regierung übernimmt, so müssen wir anfangen, den Geist zu kontrollieren, ehe wir den Rest des Körpers kontrollieren können. Solange Begierde im Geist ist, werden die Sinnesorgane sich eifrig und fast unfreiwillig zum Objekt des Wunsches hinbewegen. Von einem Mann sagt man mit Recht, er habe ein »umherwanderndes Auge«, wenn seine Augen von sich aus der Figur eines anziehenden Mädchens folgen, welches auf der Straße an ihm vorübergeht. Die Sinnesorgane sind wie Tiere, welche instinktiv ihren Meister nachahmen. Wenn der Meister schwach ist und verschiedenen Leidenschaften unterworfen, dann werden die Sinnesorgane seine Schwäche nachahmen und sie sogar noch übertreffen, indem sie ihn hinter sich herziehen, so wie ein Kind von einem starken, ungestümen Hund gezogen wird. Aber wenn der Geist stark und selbstkontrolliert ist, werden die Sinnesorgane zum friedlichen und folgsamen Diener. Sie ahmen seine Stärke anstatt seine Schwäche nach. Jede Bewegung des Körpers drückt die Selbstkontrolle des Geistes aus.

Um das Gemüt zu kontrollieren, müssen wir es zunächst kennenlernen. Wenige von uns wissen tatsächlich, wie das Innere unseres Gemütes wirklich aussieht. Unsere dominierenden Ängste und Wünsche sind uns so vertraut geworden, daß wir sie gar nicht mehr bemerken; sie sind wie dauernde Trommelschläge, die im Hintergrund unserer Gedanken weitergehen. Und so ist es gut, als Vorübung jeden Tag einige Zeit damit zu verbringen, diesen Trommelschlägen zuzuhören. Wir werden das, was wir sehen und hören, nicht mögen, aber wir müssen sehr geduldig und objektiv sein. Das Gemüt wird, wenn es in dieser Weise überwacht wird, nach und nach ruhiger. Es wird sozusagen über seine eigene Gier und Dummheit verlegen. Denn keine noch so große Kritik von außen ist so wirksam und so durchdringend wie unsere einfache Selbsteinsicht. Wenn wir mit dieser Übung regelmäßig über mehrere Monate hinweg fortfahren, werden wir sicherlich einigen Fortschritt hinsichtlich der geistigen Kontrolle erzielen.

Kapitel III
Kräfte

1. Konzentration (Dharana) bedeutet, den Geist innerhalb eines Zentrums spirituellen Bewußtseins im Körper zu halten oder ihn auf eine göttliche Form innerhalb oder außerhalb des Körpers zu fixieren.

Die ersten fünf »Glieder« des Yoga wurden im vorangegangenen Kapitel besprochen. Drei bleiben übrig: Konzentration *(Dharana)*, Meditation *(Dhyana)* und Versenkung *(Samadhi)*.

Die Zentren des spirituellen Bewußtseins, auf die hier Bezug genommen wird, sind die sieben Lotosse (II, 49–50). Um dich zu konzentrieren, mußt du zuerst den Geist auf das Innere Licht innerhalb eines dieser Lotosse fixieren, so wie dein Lehrer es dich lehrt. Oder du kannst dich auf die Form deines gewählten Ideals konzentrieren, indem du dir diese Form entweder in einem Lotos oder völlig außerhalb deines eigenen Körpers vergegenwärtigst.

2. Meditation (Dhyana) ist ein ununterbrochener Gedankenfluß zum Objekt der Konzentration.

Mit anderen Worten, Meditation ist verlängerte Konzentration. Der Prozeß der Meditation wird oft verglichen mit dem Gießen von Öl von einem Gefäß ins andere, in einem gleichmäßigen, ununterbrochenen Fluß. Wir haben gesehen (I, 2), daß Patanjali den Gedanken als eine Welle *(Vritti)* im Geist definiert. Gewöhnlich erhebt sich eine Gedankenwelle, bleibt für einen Moment im Geist und klingt dann wieder ab, um von einer anderen Welle abgelöst zu werden. In der Praxis der Meditation wird eine Folge gleichartiger Wellen im

Geist erzeugt; und dies wird so schnell getan, daß keiner Welle erlaubt wird abzuklingen, ehe eine andere sich erhebt, um ihren Platz einzunehmen. Die Wirkung ist deshalb sehr kontinuierlich. Wenn ihr einen Film von hundert Metern Länge dreht, ohne die Kamera oder euer Objekt zu bewegen, und dann das Resultat auf eine Leinwand projiziert, könnten eure Zuschauer genausogut ein einziges Standbild ansehen. Die vielen gleichartigen Bilder verschmelzen in eines.

Man kann aus dieser Definition ersehen, daß Patanjalis Dhyana nicht genau mit unserem gewohnten Verständnis des Wortes »Meditation« übereinstimmt. Mit »Meditation« meinen wir gewöhnlich eine mehr oder weniger weitschweifige Tätigkeit des Geistes um eine zentrale Idee. Wenn wir zum Beispiel sagen, daß wir über Christus meditiert haben, sind wir geneigt zu meinen, daß wir nicht nur versucht haben, unseren Geist auf die ideale Form von Christus zu fixieren, sondern daß wir auch über seine Lehren, seine Wunder, seine Jünger, seine Kreuzigung und so weiter nachgedacht haben. All dies ist sehr gut, aber es ist eine bloße Vorbereitung zu dem, was wirklich Dharana und Dhyana genannt werden kann.

3. Wenn in der Meditation die wahre Natur des Objektes hervorscheint, unverzerrt durch den Geist des Wahrnehmenden, dann ist das Versenkung (Samadhi).

Gewöhnliche Sinneswahrnehmung ist verzerrt und gefärbt durch die Vorstellung des Wahrnehmenden. Wir entscheiden im voraus, was wir zu sehen glauben, und dieses Vorurteil kreuzt sich mit dem, was wir sehen. Große Maler sind oft heftig angegriffen worden, weil sie eine Landschaft so malten, wie sie wirklich aussah, und nicht, wie die Leute dachten, daß sie aussehen *müßte*.

Nur in der übersinnlichen Wahrnehmung des Samadhi sehen wir ein Objekt in der Wahrheit seiner eigenen Natur, völlig frei von den Verzerrungen unserer Einbildung. Samadhi ist tatsächlich viel mehr als Wahrnehmung; es ist direktes Wissen. Als Ramakrishna zu Vivekananda sagte: »Ich sehe Gott realer, als ich dich sehe«, sagte er die reine Wahrheit. Denn Ramakrishna meinte, daß er Gott im Samadhi sehe, während er Vivekananda mit den Augen seiner gewöhnlichen Sinneswahrnehmung sah, welche notwendigerweise ein gewisses Maß an Verzerrung beibehält.

4. Wenn diese drei – Konzentration, Meditation und Versenkung – auf ein Objekt zur Anwendung gebracht werden, werden sie Samyama genannt.

Samyama ist einfach ein passender Fachausdruck, welcher den dreifachen Prozeß beschreibt, durch welchen die wahre Natur eines Objektes erkannt wird.

5. Durch die Beherrschung des Samyama kommt das Licht des Wissens.

6. Es muß Stufe für Stufe angewandt werden.

Patanjali warnt uns davor, zu schnell vorzugehen. Es hat keinen Wert, Meditation zu versuchen, ehe wir die Konzentration gemeistert haben. Es hat keinen Wert, zu versuchen, sich auf feine Objekte zu konzentrieren, ehe wir fähig sind, uns auf grobe zu konzentrieren. Jeder Versuch, eine Abkürzung zum Wissen dieser Art zu nehmen, ist äußerst gefährlich. Man kann zum Beispiel verschiedene psychische Erfahrungen machen, während man unter dem Einfluß von Drogen steht. Aber solche Erfahrungen, auf diese Weise erlangt, können keinen dauernden spirituellen Nutzen bringen.

Im Gegenteil, sie sind gewöhnlich von einem Rückfall in vollständigen Agnostizismus und komplette Verzweiflung begleitet.

Die Vishnu Purana, eine der Hindu-Schriften, lehrt stufenweise die Praxis der Meditation, beginnend mit der Anbetung Gottes in Gestalt, und sie gipfelt in der Realisation der Einheit des Atman mit Brahman:

> Meditiere über Vishnu, den Bewohner der Herzen aller Wesen, sitzend auf einem Lotos innerhalb der Strahlen der Sonne, sein leuchtender Körper ist geschmückt mit einem Diadem, einer Halskette, Ohrringen und Armbändern von großem Glanz, und er hält ein Muschelhorn und eine Keule in seinen Händen.
> Dann soll der weise Mensch über die leuchtende, gütige Form des Herrn meditieren, ohne das Muschelhorn und die Keule, sondern mit Ornamenten geschmückt.
> Sowie der Geist auf die Form konzentriert ist, muß er seinen Geist auf die Form ohne Ornamente gerichtet halten.
> Dann muß er über seine Einheit mit der leuchtenden Form des Herrn meditieren.
> Zuletzt muß er die Form verschwinden lassen und über den Atman meditieren.

7. Diese drei sind direktere Hilfen zur Erfahrung als die fünf Glieder, welche vorhin beschrieben wurden.

Das heißt, die ersten fünf Glieder des Yoga sind nur eine Form der Übung für den Aspiranten, um ihn auf die Praxis des Samyama (Konzentration – Meditation – Versenkung) vorzubereiten. Das Gemüt und die Sinne müssen gereinigt werden durch die Pflege ethischer Tugenden, und der ganze Organismus muß gestärkt werden, damit er fähig wird, die enormen Erfahrungen zu durchschreiten, die ihn erwarten. Aber dies ist nur der Anfang. Sogar die Perfektion des Samyama ist nur der Anfang. Denn wann immer wir stolz sind aufgrund eines kleinen Zeichens von spirituellem Wachstum in uns, tun wir gut daran, uns an Brahmanandas ernüchternde Worte zu erinnern: »Spirituelles Leben fängt *nach* dem Samadhi an.«

8. Aber sogar diese sind keine direkten Hilfen zum samenlosen Samadhi.

Die Praxis des Samyama führt zum niederen Samadhi. Aber der »samenlose« Samadhi (Nirvikalpa) verlangt eine weitere und sogar noch intensivere spirituelle Anstrengung. (Siehe Kapitel I, Aphorismus 51. Fast alles, was Patanjali hier zu diesem Thema sagt, ist einfach eine Wiederholung.) Patanjali spricht nun vom Nirvikalpa:

9. Wenn die Vision des niederen Samadhi durch einen Akt bewußter Kontrolle unterdrückt wird, so daß nicht länger irgendwelche Gedanken oder Erscheinungen im Geiste sind, ist dies das Erreichen der Kontrolle der Gedankenwellen im Geist.

10. Wenn diese Unterdrückung von Gedankenwellen andauert, ist der Fluß des Geistes ruhig.

11. Wenn alle mentalen Zerstreuungen verschwinden und der Geist zielgerichtet wird, geht er in den Zustand des Samadhi ein.

12. Der Geist wird zielgerichtet, wenn gleiche Gedankenwellen – ohne Unterbrechung – aufeinander folgen.

Man sagt, daß, wenn der Geist ununterbrochen für zwölf Sekunden zum selben Objekt fließt, dies Konzentration genannt werden kann. Wenn der Geist in dieser Konzentration zwölfmal zwölf Sekunden (d. h. zwei Minuten und vierundzwanzig Sekunden) bleiben kann, so kann dies Meditation genannt werden. Wenn der Geist in dieser Meditation zwölfmal zwei Minuten und vierundzwanzig Sekunden (d. h. achtundzwanzig Minuten und achtundvierzig Sekunden) fortfahren kann, ist dies der niedere Samadhi. Wenn der niedere Samadhi zwölfmal diese Zeit (d. h. fünf Stunden, fünfundvierzig Minuten und sechsunddreißig Sekunden) aufrechterhalten werden kann, wird dies zu Nirvikalpa-Samadhi führen.

13. In diesem Zustand überschreitet er die drei Arten von Veränderungen, die in der feinen oder groben Materie und in den Organen vor sich gehen: Veränderung der Form, Veränderung der Zeit, Veränderung des Zustandes.

Vivekananda nimmt als Beispiel einen Klumpen Gold. Eine Veränderung der Form tritt ein, wenn das Gold zuerst zu einem Armband und dann zu Ohrringen verarbeitet wird. Veränderung der Zeit findet statt, da es älter wird. Veränderung des Zustandes tritt ein, wenn das glänzende Gold matt oder dünner wird. Ähnliche Veränderungen finden in der feinen Materie und in den Gedankenwellen des Geistes statt. Die Gedankenwellen können von unterschiedlicher Art sein, sich auf verschiedene Zeitperioden beziehen und können in der Intensität variieren. Aber der Geist, im Zustand des Samadhi, ist jenseits aller drei Arten von Veränderungen.

14. Ein zusammengesetztes Objekt hat Eigenschaften und ist der Veränderung unterworfen, entweder vergangenen, gegenwärtigen oder solchen, die sich erst manifestieren werden.

15. Die Folge dieser Veränderungen ist die Ursache der vielfältigen Evolution.

Jedes Objekt innerhalb des Bereichs der differenzierten Materie besitzt Eigenschaften und ist ein zusammengesetztes Objekt, da es aus den drei Gunas in wechselnden Kombinationen besteht. Wie schon im ersten Kapitel erklärt wurde, wechseln und verändern sich die Eigenschaften eines Objektes entsprechend der Tätigkeit der Gunas und der Beschaffenheit der Samskaras. Jedes Objekt kann sich in jedes andere Objekt verwandeln. Deshalb sieht der erleuchtete Yogi keinen wesentlichen Unterschied zwischen einem Stück Gold und einem Klumpen Dreck. Folglich erlangt er vollständige Leidenschaftslosigkeit gegenüber den Objekten der Erscheinungswelt.

16. Indem man Samyama auf die drei Arten der Veränderung anwendet, erlangt man Wissen über die Vergangenheit und die Zukunft.

Patanjali beginnt jetzt die verschiedenen übersinnlichen Kräfte zu beschreiben und die Methoden, mit denen sie erlangt werden. Alle Autoritäten, Patanjali selbst eingeschlossen, sehen die geheimen Kräfte als die größten Hindernisse auf dem Weg zur Wahrheit an. »Ein Haufen Abfall«, wie Ramakrishna sie nennt. Buddha verbot seinen Schülern sehr bestimmt, ihren Glauben in Wunder zu stecken, sondern sie sollten die Wahrheit in den ewigen Gesetzen sehen. Christus wandte sich scharf gegen jene, welche »nach einem Zeichen suchen«, und unglücklicherweise wurde seine scharfe Kritik von seinen Nachfolgern nicht sehr ernst genommen.

Wie dem auch sei, übersinnliche Kräfte existieren, und Patanjali kann sie in seiner umfassenden Abhandlung über Yoga-Psychologie offensichtlich nicht ignorieren. Wir übersetzen die folgenden Aphorismen der Vollständigkeit halber, aber wir tun das mit einem Minimum an technischen Erklärungen. Der ernsthafte spirituelle Aspirant kann sich kaum für diese Dinge interessieren. Im Westen werden diese Kräfte selten zur Schau gestellt und sind deshalb Gegenstand von sehr viel Skeptizismus. Sie sind jedoch in jedem von uns und könnten durch anhaltende Praxis entwickelt werden. Der westliche Mensch hat jedoch eine andere Wahl getroffen. Er hat es vorgezogen, sich eher auf die Produktion mechanischer statt psychologischer Kräfte zu konzentrieren; und so haben wir anstelle der Gedankenübertragung das Telefon, anstatt Levitation haben wir den Helikopter, und anstatt Hellseherei haben wir die Television. Wir mögen den Materialismus bedauern, der durch eine solche Wahl ausgedrückt wird; aber vielleicht ist er das geringere Übel. Es wäre noch unangenehmer, in einer Gesellschaft degenerierter Yogis zu leben, welche psychische Kräfte für Geschäfts- und politische Zwecke gebrauchen, als in unserer vom Atom beherrschten Welt. So laßt uns aufhören, uns nach psychischen Kräften zu sehnen, und zum wahren Pfad des spirituellen Wachstums zurückkehren, indem wir uns an Patanjalis Warnung erinnern: »Sie sind Kräfte im weltlichen Zustand, aber sie sind Hindernisse zum Samadhi.«

17. Indem man Samyama auf den Klang eines Wortes anwendet, auf die eigene Wahrnehmung seiner Bedeutung und auf die eigene Reaktion darauf – drei Dinge, die meistens verwechselt werden –, versteht man alle Klänge, die von lebenden Wesen hervorgebracht werden.

Gewöhnlich sind wir uns keines Unterschiedes bewußt zwischen dem Hören eines Klanges, dem Verstehen, was er bedeutet, und unserer Reaktion auf die Information, die er enthält. Wenn jemand »Feuer« ruft, springen wir sofort auf. Aber der Yogi ist fähig, diese drei Funktionen zu trennen. Indem er diesen Samyama anwendet, kann er fremde Sprachen verstehen sowie die Laute, die alle Arten von Tieren von sich geben.

18. Indem man Samyama auf die vorhergehenden Gedankenwellen anwendet, erlangt man Kenntnis über seine vergangenen Leben.

Wenn eine Gedankenwelle abklingt, verbleibt sie im Geiste in einer winzigen, subtilen Form. Deshalb kann sie als Erinnerung wiederbelebt werden. Und diese Erinnerung kann zurück bis in vorhergehende Inkarnationen ausgedehnt werden.

19. Indem man Samyama auf die unterscheidenden Merkmale des Körpers eines anderen Menschen anwendet, erlangt man Wissen über die Natur seines Geistes.

20. Aber nicht über seine Inhalte, denn das ist nicht das Objekt des Samyama.

Um die Inhalte des Geistes eines anderen Menschen zu kennen, müßte der Yogi einen zweiten Samyama auf das Herz anwenden (Aphorismus 35 dieses Kapitels).

21. Wenn man Samyama auf die Form seines Körpers anwendet, seine Sichtbarkeit verhindert und seine Kraft der Manifestation von den Augen des Schauenden trennt, dann wird der eigene Körper unsichtbar.

22. Dann werden auch seine Geräusche nicht mehr gehört.

Mit anderen Worten: Es ist dem Yogi möglich, während er in einem Zimmer verbleibt, die äußerliche Manifestation seines Körpers in solcher Weise zu verhindern, daß die Sinne anderer Menschen nicht fähig sind, ihn zu entdecken. Die Realität hinter der äußeren Manifestation wird bestehen bleiben, aber da diese Realität nicht durch die groben Sinnesorgane der anderen entdeckt werden kann, wird der Yogi unsichtbar, unhörbar, unberührbar usw. ...

23. Indem er Samyama auf zwei Arten von Karma anwendet – das, was bald Früchte tragen wird und dasjenige, was erst später Früchte tragen wird – oder indem er die Vorzeichen des Todes erkennt, kann der Yogi den genauen Zeitpunkt seiner Trennung vom Körper erkennen.

Die Vorzeichen des Todes schließen verschiedene physische und psychische Phänomene ein sowie Erscheinungen von übernatürlichen Wesen. (Es ist besser, hier nicht zu ausführlich zu werden, damit der Leser nicht unnötig beunruhigt wird!) Die Hindus glauben, daß es sehr wichtig ist, die genaue Stunde seines Todes im voraus zu kennen, da die Gedanken, die man in jenem Moment denkt, in gewisser Weise das Wesen seines zukünftigen Lebens bestimmen werden.

24. Indem man Samyama auf die Freundlichkeit, das Mitgefühl usw. anwendet, entwickelt man die Kräfte dieser Qualitäten.

Hier besteht der Bezug zum Aphorismus 33 von Kapitel I: »Freundlichkeit gegenüber dem Glücklichen, Erbarmen mit dem Unglücklichen, Freude über den Tugendhaften.« Der Yogi, der diesen Samyama meistert, hat die Macht, jedem, dem er begegnet, Freude zu geben und ihm Leid und Sorgen abzunehmen.

25. Indem man Samyama auf irgendeine Kraft anwendet, wie diejenige eines Elefanten, erlangt man diese Kraft.

26. Indem man Samyama auf das Innere Licht anwendet, erlangt man Wissen über das, was fein, verborgen oder weit entfernt ist.

Das Innere Licht ist das Licht des Lotos im Herzen, auf das im Aphorismus 36 des ersten Kapitels hingewiesen wurde.

27. Indem man Samyama auf die Sonne anwendet, erlangt man Kenntnis der kosmischen Räume.

28. Indem man Samyama auf den Mond anwendet, erlangt man Kenntnis von der Anordnung der Gestirne.

29. Indem man Samyama auf den Polarstern anwendet, erlangt man Kenntnis von der Bewegung der Gestirne.

Es ist schon erwähnt worden, daß es eine große Ähnlichkeit zwischen der Kosmologie des Patanjali und den Theorien der modernen Atomphysik gibt. Dennoch hatten die alten Inder, soweit wir wissen, praktisch keine wissenschaftlichen Präzisionsgeräte. Diese Tatsache allein scheint einen Beweis für die Gültigkeit der psychischen Kräfte zu liefern. Denn wie sonst hätten diese Weisen solch ein korrektes und umfassendes Bild der Natur des Universums formen können? Ihr Wissen konnte gar nicht wie das unsrige einfach auf der von Instrumenten unterstützten Sinneswahrnehmung beruhen.

30. Indem man Samyama auf den Nabel anwendet, erlangt man Wissen über die Konstitution des Körpers.

31. Indem man Samyama auf die Grube an der Kehle anwendet, stillt man Hunger und Durst.

32. Indem man Samyama auf die Röhre in der Brust anwendet, erlangt man vollständige Bewegungslosigkeit.

Die Bewegungslosigkeit einer Schlange oder einer Eidechse zum Beispiel. Dieses befähigt den Yogi dazu, ungestört von den unfreiwilligen Bewegungen des Körpers zu meditieren.

33. Indem man Samyama auf den strahlenden Glanz im Hinterkopf anwendet, wird man fähig, die himmlischen Wesen zu sehen.

Der strahlende Glanz im Hinterkopf darf nicht mit den Strahlen des siebten Lotos verwechselt werden, dem höchsten Zentrum des spirituellen Bewußtseins, welches am Scheitel des Kopfes gelegen ist (siehe II, 50).

34. Alle diese Kräfte des Wissens können auch zu jemandem kommen, dessen Gemüt spontan durch Reinheit erleuchtet ist.

Wenn das Gemüt ein sehr hohes Niveau der Reinigung erreicht hat, können die psychischen Kräfte spontan und ungebeten zu ihm kommen, ohne daß er Samyama anwendet.

35. Indem man Samyama auf das Herz anwendet, erlangt man Kenntnis der Inhalte des Geistes.

36. Die Macht des Genusses entsteht durch die Unfähigkeit, zwischen dem Atman und der Sattva-Guna zu unterscheiden, die grundverschieden sind. Sattva-Guna ist nur die wirkende Kraft des Atman, welcher unabhängig ist, nur um seiner selbst willen existierend. Indem man Samyama auf die Unabhängigkeit des Atman anwendet, erlangt man Kenntnis des Atman.

Im gewöhnlichen Bewußtseinszustand ist das höchste Vergnügen die Freude, die durch die Sattva-Guna inspiriert wird. Dies scheint uns in unserer Unwissenheit identisch zu sein mit der Freude des reinen Atman; aber es ist nicht so. Sattva, sogar in ihrem reinsten Zustand, ist noch immer eine Guna; und sattvische Freude enthält noch immer ein Quentchen Egotismus. Was wir verstehen müssen, ist, daß die Gunas nur Werkzeuge des Atman sind und daß sattvische Freude nur ein schwacher Abglanz der Freude des Atman ist, welcher ohne Egotismus ist und völlig unabhängig von den Gunas. Indem er diesen Samyama anwendet und zwischen dem Atman und Sattva unterscheidet, überschreitet der Yogi die weltlichen Freuden und geht in die Freude des Atman selbst ein.

37. Hierdurch gewinnt man das Wissen dank spontaner Erleuchtung und erlangt die übernatürlichen Kräfte des Hörens, des Fühlens, des Sehens, des Schmeckens und des Riechens.

38. Sie sind Kräfte im weltlichen Zustand, aber sie sind Hindernisse zum Samadhi.

39. Wenn die Bande des Geistes, durch Karma verursacht, gelockert worden sind, kann der Yogi in den Körper eines anderen eingehen, aufgrund der Kenntnis des Funktionierens seiner Nervenströme.

»Der Yogi«, sagt Vivekananda, »kann in einen toten Körper eintreten und bewirken, daß er aufsteht und sich bewegt, sogar während er selbst in einem anderen Körper arbeitet. Oder er kann in einen lebenden Körper eintreten und den Geist und die Organe dieses Menschen in Schach halten und während der Zeit durch den Körper dieses Menschen handeln.«

Dies erinnert an eine Geschichte, die über Shankara, den großen Philosophen und Heiligen, erzählt wird. Als Shankara noch ein Junge war, gab es einen Philosophen, der Mandan Misra hieß, welcher der Meinung war, das Leben eines Haushaltsvorstands sei dem eines Mönchs bei weitem überlegen; eine Auffassung, die in ganz Indien geteilt wurde. Shankara beschloß, eine Diskussion mit Misra zu führen, wissend, daß, wenn er ihn bekehren könnte, er auch seine vielen Schüler bekehren würde. Nach erheblichen Schwierigkeiten erreichte er, daß Misra hiermit einverstanden war. Es war abgemacht worden, daß, wenn Shankara verlor, er ein Haushälter werden würde, und daß, wenn Misra verlor, er ein Mönch werden würde. Auf Shankaras Vorschlag wurde Misras Frau Bharati, selbst eine berühmte Gelehrte, zum Schiedsrichter gewählt.

Nach einer Debatte von einigen Tagen war Misra bereit, seine totale Niederlage zuzugeben. Aber Bharati sagte zu Shankara: »Warte. Mann und Frau sind eine Person. Du hast nur die Hälfte von uns besiegt. Jetzt mußt du mit mir diskutieren. Du magst vielleicht alles über Philosophie wissen, aber ich wähle ein anderes Gebiet. Ich wähle Sex. Er ist eine große Wissenschaft. Ehe du uns beide zu deinen Schülern zählen kannst, mußt du mit mir debattieren und mich darin besiegen.«

Für einen Moment war Shankara verblüfft. Als Mönch und noch ein Knabe, wußte er überhaupt nichts über Sex. Wie dem auch sei, es fiel ihm ein Plan ein. Er bat um einen Monat Aufschub, und Bharati gewährte dies.

Zu der Zeit geschah es, daß ein König namens Amaraka im Sterben lag. Shankara bat seine Schüler, seinen eigenen Körper an einer sicheren Stelle zu verstecken und gut darauf aufzupassen. Dann verließ er, durch Yoga-Kraft, seinen Körper und ging in den kürzlich verstorbenen Körper des Königs ein. Amaraka lebte scheinbar wieder auf und fuhr fort, unter der Leitung von Shankara, über das Königreich zu herrschen. Shankara-Amaraka bewies, daß er ein brillanter und gerechter Herrscher war, der die Bewunderung aller gewann. Aber Amarakas zwei Frauen erkannten bald, daß etwas Außergewöhnliches geschehen war. Denn der neue Amaraka zeigte nicht nur eine erstaunliche jugendliche Energie; er schien so unwissend wie ein Säugling in der sexuellen Liebe zu sein. Unterdessen begannen die Beschäftigungen des Königtums und des häuslichen Lebens Shankaras Geist zu umwölken. Er begann zu vergessen, was er getan hatte, weshalb er es getan hatte, und wer er war. Er begann zu glauben, daß er wirklich Amaraka war und nicht Shankara.

Die Schüler des Shankara erfuhren davon. Da Mönche nicht am Hofe zugelassen waren, verkleideten sie sich als wandernde Musiker und kamen so zu ihm. Dann begannen sie das Gedicht »Moha Mudgaram« zu singen, »Das Zerstören der Täuschung«, das Shankara selbst komponiert hatte:

> Geliebter, seltsam sind die Wege der Welt und groß ist deine Unwissenheit.
> Wer ist deine Frau und wer dein Sohn? Wessen bist du? Von wo kommst du?
> Denke darüber in deinem Herzen nach und verneige dich vor Gott in Ehrfurcht.

Die Worte erinnerten Skankara an das Bewußtsein seiner eigenen Identität. Der Körper des Königs Amaraka fiel tot zu Boden, als Shankara ihn verließ und in seinen eigenen Körper zurückkehrte.

Später, als Shankara in Misras Haus erschien, wußte Bharati sofort, was er getan hatte, da auch sie Yoga-Kräfte hatte, und sie gestand ihre Niederlage ohne weitere Diskussion ein.

40. Indem er die Nervenströme kontrolliert, welche die Lunge und den oberen Teil des Körpers regieren, kann der Yogi über Wasser und Sümpfe gehen oder über Dornen und ähnliche Objekte, und er kann willentlich sterben.

41. Indem er die Kräfte, die das Prana regieren, kontrolliert, kann er sich mit einem Lichtschein umgeben.

Dies ist die Kraft, die die verschiedenen Funktionen der vitalen Energie (Prana) reguliert. Einer der Bruderschüler von Sri Ramakrishna besaß wirklich diese Kraft; und es ist aufgezeichnet worden, daß er sie einmal benutzte, um den Weg für Ramakrishna in einer dunklen Nacht zu erleuchten. Wie dem auch sei, Ramakrishna fand es später notwendig, ihm diese Kraft wegzunehmen, da sie ihn gefährlich egotistisch machte.

42. Indem man Samyama auf die Verbindung zwischen dem Ohr und dem Äther anwendet, erlangt man übernatürliche Kräfte des Hörens.

43. Indem er Samyama auf die Verbindung zwischen dem Körper und dem Äther anwendet oder indem er durch Meditation die Leichtigkeit der Baumwollfaser erlangt, kann der Yogi durch die Lüfte fliegen.

44. Indem man Samyama auf die Gedankenwellen des Geistes anwendet, wenn er vom Körper getrennt ist – der Zustand, welcher als die Große Desinkarnation bekannt ist –, können alle Bedeckungen vom Lichte des Wissens entfernt werden.

Wie der Aphorismus 39 bezieht sich dies auf die Yoga-Kraft, den Geist von seinem eigenen Körper abzuziehen, um ihn in den Körper eines anderen zu befördern. In diesem Zustand des Zurückziehens, der »Großen Desinkarnation«, schwinden die mentalen Verdeckungen, die aus Rajas und Tamas bestehen, und das Licht von Sattva wird offenbart.

45. Indem man Samyama auf die groben und feinen Formen der Elemente anwendet, auf ihre Grundcharakteristiken und die innewohnenden Gunas sowie auf die Erfahrungen, welche sie dem Individuum liefern, erlangt man die Herrschaft über die Elemente.

46. Hierdurch erlangt man die Fähigkeit, so winzig wie ein Atom und alle ähnlichen Kräfte zu werden; auch die Perfektion des Körpers, welcher nicht länger den Hindernissen der Elemente ausgesetzt ist.

Der Yogi kann nicht nur so winzig wie ein Atom werden, sondern auch so groß wie ein Berg, so schwer wie Blei oder so leicht wie Luft. Und die Elemente hören auf, ihn zu behindern. Er kann durch Felsen gehen. Er kann seine Hand ins Feuer halten, ohne sie zu verbrennen. Er kann durchs Wasser gehen, ohne naß zu werden. Er kann einem Wirbelsturm widerstehen.

47. Die Perfektion des Körpers umfaßt Schönheit, Grazie, Stärke und die Härte eines Blitzes.

48. Indem man Samyama auf die Veränderung der Sinnesorgane anwendet, wenn sie Objekte berühren, auf die Kraft der Erleuchtung der Sinnesorgane, auf den Ego-Sinn, auf die Gunas, welche die Organe bilden, und auf die Erfahrungen, welche sie dem Individuum liefern, erlangt man die Herrschaft über die Organe.

49. Hierdurch erlangt der Körper die Kraft, sich so schnell wie der Geist bewegen zu können, die Macht, die Sinnesorgane außerhalb der Grenzen des Körpers zu benutzen, und die Herrschaft über Prakriti.

Aphorismus 48 beschreibt einen progressiven Samyama auf alle einzelnen Phasen eines Wahrnehmungsvorgangs.

Die Macht, die Sinnesorgane außerhalb der Begrenzungen des Körpers zu gebrauchen, welche im Aphorismus 49 erwähnt wird, erlaubt es einem, Hellseherei und Hellhörigkeit auszuüben. Herrschaft über Prakriti, die primäre Ursache, gibt dem Yogi die Kontrolle über alle Wirkungen, die sich von Prakriti aus entwickeln – mit anderen Worten: Kontrolle über die Natur.

50. Indem man Samyama auf den Unterschied zwischen der Sattva-Guna und dem Atman anwendet, erlangt man Allmacht und Allwissen.

Dieses Unterscheidungsvermögen wurde bereits diskutiert (Aphorismus 36 dieses Kapitels).

51. Indem man sogar diese Kräfte aufgibt, wird der Samen des Bösen zerstört, und Befreiung folgt hierauf.

Der »Samen des Bösen« ist Unwissenheit. Aufgrund der Unwissenheit vergißt der Mensch, daß er der Atman ist, und er erschafft für sich selbst die Illusion einer privaten, getrennten Ego-Persönlichkeit. Diese Ego-Persönlichkeit ist darauf aus, seine Wünsche zu befriedigen und Besitztümer und Macht über die äußere Natur zu gewinnen. Von allen Kräften sind die psychischen Kräfte, vom Standpunkt des Ego aus, die begehrtesten; und von den psychischen Kräften sind Allmacht und Allwissen (auf die Patanjali sich im vorhergehenden Aphorismus bezogen hat) sicherlich die größten. Der Yogi, welcher sogar diese Kräfte beherrschte und trotz allem auf sie verzichtete, hat die allerletzte Versuchung des Ego zurückgewiesen. Fortan ist er frei von Knechtschaft. (Zum Beispiel hat Christus die psychischen Kräfte zurückgewiesen, die Satan ihm in der Wüste anbot.)

52. Wenn er von den unsichtbaren ranghohen Wesen versucht wird, soll der Yogi sich weder gereizt noch geschmeichelt fühlen; denn er ist in Gefahr, noch einmal von der Unwissenheit eingefangen zu werden.

»Die unsichtbaren ranghohen Wesen« sind die gefallenen Yogis, die schon erwähnt wurden (I, 19) und die den Zustand der unverkörperten Götter erreicht haben oder mit den Naturgewalten verschmolzen sind. Solche Wesen haben keine Befreiung gefunden, weil sie ausgerechnet den Versuchungen der psychischen Kräfte nachgegeben haben. Deshalb sagt man, sie seien eifersüchtig auf diejenigen, die diese Versuchungen zu bewältigen scheinen, und sie versuchen, sie in die Unwissenheit zurückzuziehen. In dem Kommentar zu Patanjalis Aphorismen, die Vyasa zugeschrieben werden, sind die Lockmittel, welche dem Yogi von »den ranghohen Wesen« angeboten werden, wunderlich, aber kraftvoll wie folgt beschrieben: »Herr, wollt Ihr Euch hier setzen? Werdet Ihr hier ausruhen? Ihr solltet dieses Vergnügen genießen. Ihr könntet diese Maid anziehend finden. Dieser Zaubertrank wird das Alter und den Tod vertreiben. In diesem Triumphwagen könnt Ihr durch die Lüfte fliegen. Drüben sind Bäume, die jeden Wunsch erfüllen. Jener göttliche Fluß wird Euch Glück verheißen. Jene Weisen wissen alles. Diese Nymphen sind einzigartig schön, und Ihr werdet sie nicht gefühllos finden.

Eure Augen und Ohren werden übernatürlich durchdringend werden, Euer Körper wird wie ein Diamant leuchten. Aufgrund Eurer ausgezeichneten Tugenden, geehrter Herr, habt Ihr all diese Belohnungen verdient. Bitte, tretet in diesen Himmel ein, welcher unfehlbar, alterslos, unsterblich und den Göttern lieb ist.«

Auf diese Weise verlockt, wird dem Yogi empfohlen, wie folgt zu antworten: »Ich habe auf den schrecklichen Kohlen der Reinkarnation geschmort. Ich habe in der Dunkelheit von Wiedergeburt und Tod gelitten. Jetzt endlich habe ich die Lampe des Yoga gefunden, welche die Schatten der Unwissenheit vertreibt. Wie kann ich denn, die ich ihr Licht gesehen habe, nochmals durch sinnliche Dinge irregeführt werden?«

Die großen Hindu-Lehrer glaubten alle, daß die spirituelle Entwicklung eines Yogi durch äußere Kräfte behindert werden kann, durch die unverkörperten Götter, durch Wesen auf der psychischen oder subtilen Ebene der Materie oder durch erdgebundene Geister. Und dieser Glaube wird in der traditionellen rituellen hinduistischen Verehrung symbolisiert, die wie folgt beginnt:

Zuerst muß der Andächtige die Präsenz Gottes überall fühlen, als das alldurchdringende Sein. Dann muß er fühlen, daß die Türen seiner Sinne verschlossen sind und daß er in den Schrein seines eigenen Herzens eingetreten ist, wo Gott wohnt. Er muß sagen: »Wie ein Mensch mit weit geöffneten Augen den Himmel vor sich sieht, so sehen die Seher immer die höchste Wahrheit Gottes.« Indem er sich vorzustellen versucht, daß er diese Kraft der spirituellen Einsicht schon erlangt hat, öffnet er nun seine Augen, während er sein Mantra wiederholt. Er muß um sich schauen, indem er versucht, die Gegenwart Gottes in allem zu sehen, was er sieht, und zu wissen, daß durch die Kraft des Mantra die Hindernisse beseitigt werden, die von den unverkörperten Göttern geschaffen wurden.

Als nächstes muß er einen Löffel voll Wasser geradewegs in die Luft werfen, als sei es die psychische Sphäre, indem er die beschützende Kraft Gottes anruft, um alle psychischen Hindernisse zu entfernen.

Schlußendlich muß er ein bißchen Reis zwischen den rechten Daumen und den Zeigefinger nehmen und ihn in einem Kreis ausstreuen, wobei er sagt: »Mögen die erdgebundenen Geister und die Geister, welche Hindernisse erschaffen, durch den Willen des Shiva aufgelöst werden.« Die erdgebundenen Geister werden als die Geister derer angesehen, die Selbstmord begangen haben. Sie sind erdgebunden, weil sie noch immer das Karma abarbeiten müssen, welches sie durch ihre Handlung zurückzuweisen versucht haben. Der Andächtige betet, daß sie von ihrer jetzigen Form erlöst werden mögen und so frei werden, um sich zur Befreiung hin zu entwickeln. Manchmal wird den erdgebundenen Geistern Nahrung angeboten, um sie zu versöhnen, und man bittet sie, entweder den Ort zu verlassen oder zu bleiben und der Anbetung, ohne zu stören, aus einer respektvollen Distanz zuzuschauen. Nur nachdem der Andächtige diese vorbereitenden Zeremonien ausgeführt hat, kann er die direkte rituelle Anbetung seiner gewählten Gottheit fortsetzen.

Bis zu einem gewissen Punkt vermehren sich die Versuchungen mit dem spirituellen Wachstum. Sobald der Aspirant aufhört, ein bloßer Anfänger zu sein, und er einige mystische Erfahrungen macht, wird seine Persönlichkeit magnetisch. Er merkt, daß er psychische Kräfte über andere hat und auch sexuelle Anziehung. Gleichzeitig werden seine eigenen Sinne schärfer und fähiger zum Genuß. Es ist deshalb leicht für ihn, in Macht- und Geschlechtsbeziehungen verwickelt zu werden, welche ihn sein ursprüngliches Ziel vergessen lassen. Dieselben Leute, die wegen seiner gottähnlichen Qualitäten, die sie in seiner Natur erblicken, von ihm angezogen werden, können diejenigen sein, welche am meisten für seine graduelle Entfremdung von Gott verantwortlich sind. Aber, wie Sri Krishna uns sagt, »niemand, der Brahman sucht, wird jemals ein schlechtes Ende finden«. Und so können wir glauben – auch wenn ein solcher Fehler vorkommt –, daß der spirituelle Aspirant eventuell zu dem Pfad zurückfindet und daß diejenigen, die ihn von ihm weggelockt haben, auch in einem gewissen Sinn spirituellen Gewinn durch ihre Verbindung mit ihm erzielt haben.

53. Indem man Samyama auf einzelne Momente und ihre zeitliche Abfolge anwendet, erlangt man unterscheidendes Wissen.

Mit »Moment« ist eine unteilbare Einheit gemeint, der kleinste vorstellbare Augenblick. Ein Moment wird von Patanjali als ein Objekt angesehen. Er gehört zur Rangordnung der äußerlichen Phänomene, wie ein Hund, ein Diamant oder ein Baum.

Aber eine Abfolge von Momenten – das heißt, das, was wir »Zeit« nennen – ist kein Objekt; es ist nur eine Struktur, die von unserem Geist erschaffen wird, eine Idee. Indem er Samyama auf einzelne Momente und ihre zeitliche Abfolge anwendet, realisiert der Yogi, daß das ganze Universum in jedem einzelnen Moment einen Wechsel durchmacht. Deshalb versteht er, daß das Wesen des Universums vergänglich ist. Dieses Verständnis ist das, was mit unterscheidendem Wissen gemeint ist. Da der Geist des Yogi nicht der Illusion der »Zeit« unterworfen ist, kann er die wahre Natur seiner Erfahrungen verstehen. Der Rest von uns, der in Begriffen von Zeitsequenzen denkt, verallgemeinert dauernd seine Empfindungen, indem er sie mental von einem Moment auf den nächsten und wieder auf den nächsten überträgt. Wir sagen: »Ich war den ganzen Nachmittag traurig«, wenn wir tatsächlich nur um 2.15, 2.37, 3.01 Uhr usw. traurig waren. So betrügen wir nicht nur uns selbst, sondern erleiden viel eingebildeten Schmerz.

Es gibt eine Technik im Zen-Buddhismus, um die Folter zu ertragen, indem man die Zeitsequenz aufspaltet und sich nur darauf konzentriert, was in jedem Moment der unmittelbaren Gegenwart geschieht. So wird dem Leiden seine Kontinuität genommen, und es wird viel erträglicher gestaltet. Denn das Leiden ist weitgehend aus unserer Erinnerung an vergangene Schmerzen und unserer Angst vor wiederholtem Leiden in der Zukunft zusammengesetzt, und diese Erinnerung und diese Angst hängen von unserem Bewußtsein einer Zeitsequenz ab.

54. So ist man fähig, zwischen zwei genau gleichen Objekten zu unterscheiden, die nicht durch ihre Art, durch charakteristische Merkmale oder ihre Stellungen im Raum unterschieden werden können.

Nehmen wir an, ihr habt zwei genau gleichartige, neugeprägte Geldstücke und zeigt zuerst das eine, dann das andere; dann vertauscht ihr sie hinter eurem Rücken und zeigt sie wieder. Der Yogi, der diesen Samyama gemacht hätte, wäre laut Patanjali in der Lage, euch einwandfrei zu sagen, welches ihr ihm zuerst gezeigt habt.

Der spirituelle Wert dieser Fähigkeit des Unterscheidungsvermögens liegt natürlich in der Fähigkeit, immer zwischen dem Atman und dem Nicht-Atman, der äußeren Erscheinung, zu unterscheiden, wie täuschend letztere auch sein mag.

55. Dieses unterscheidende Wissen befreit den Menschen von der Knechtschaft der Unwissenheit. Es begreift alle Objekte simultan, in jedem Moment ihrer Existenz und in all ihren Veränderungen.

Gewöhnliches Wissen, auf der Sinneserfahrung gegründet, ist eine Sequenz. Wir lernen eine Tatsache über ein vorhandenes Objekt, dann eine weitere Tatsache, dann mehr und mehr Tatsachen. Aber der Yogi, der unterscheidendes Wissen besitzt, versteht Objekte total und sofort. Wenn er zum Beispiel einem anderen menschlichen Wesen begegnet, kennt er es sofort in all seinen vergangenen und zukünftigen Veränderungen, als Säugling, als Jugendlicher, als Erwachsener und als alter Mann. Solches Wissen ist unbegrenzt; es ist innerhalb der Ewigkeit, nicht der Zeit. Es befreit einen Menschen von der Knechtschaft durch Karma und Unwissenheit.

56. Vollkommenheit ist erreicht, wenn der Geist so rein wie der Atman selbst wird.

Wenn alle Gedankenwellen im Geiste still geworden sind, enthält der Geist nichts als reines, undifferenziertes Bewußtsein. In diesem Zustand ist er eins mit dem Atman. Sri Ramakrishna pflegte zu sagen: »Der reine Geist und der Atman sind ein und dasselbe.«

Kapitel IV
Befreiung

1. Die psychischen Kräfte können entweder durch Geburt oder durch Drogen [28], durch die Macht des Wortes, durch die Praxis von Kasteiung oder durch Konzentration erlangt werden.

Manche werden mit psychischen Kräften geboren, als Resultat ihrer Anstrengungen in früheren Leben. Und nicht bloß mit psychischen Kräften, sondern als wahrer spiritueller Genius. Solche sind die geheimnisvollsten aller menschlichen Wesen, die »natürlichen« Heiligen, die mit dem Wissen über und der Liebe zu Gott sogar schon in frühester Kindheit erfüllt sind, und scheinbar unberührt von den Versuchungen der Weltlichkeit aufwachsen.

In der Bhagavad-Gita fragt Arjuna: »Angenommen, ein Mensch hat den Glauben, aber er bemüht sich nicht genug? Sein Geist entfernt sich von der Praxis des Yoga, und er erreicht keine Vollkommenheit. Was wird dann aus ihm werden?« Und Sri Krishna antwortet: »Sogar wenn ein Mensch sich von der Praxis des Yoga abwendet, wird er noch immer den Himmel der Vollbringer guter Taten gewinnen und dort viele Jahre verbringen. Danach wird er in ein Heim reiner und wohlhabender Eltern wiedergeboren werden ... Er wird dann jene spirituelle Unterscheidung wiedererlangen, die er in seinem vorherigen Körper erreicht hatte; und so wird er stärker denn je nach Vollkommenheit streben. Wegen seiner Übungen in früheren Leben wird er zur Vereinigung mit Brahman getrieben werden, sogar ungeachtet seiner selbst.«

Gewisse Drogen können Visionen hervorrufen, aber diese

28 Anm. d. Ü.: In anderen Übersetzungen kann man auch den Begriff »medizinische Kräuter« finden.

sind stets psychisch – nicht spirituell, wie allgemein geglaubt wird. Überdies können sie längere spirituelle Langeweile und Unglauben verursachen und sogar dem Gehirn dauernden Schaden zufügen.

Die Wiederholung von heiligen Wörtern oder Mantras ist, wie uns berichtet wurde, eine unschätzbare Hilfe zum spirituellen Fortschritt. Es gibt auch spezielle Mantras, die psychische Kräfte erzeugen.

Die Praxis von Askese stärkt enorm die Willenskraft des Aspiranten. Daraus können auch psychische Kräfte gewonnen werden.

Aber Konzentration ist das sicherste aller Mittel, um psychische Kräfte zu entwickeln. Dies wurde ausführlich im vorhergehenden Kapitel diskutiert.

2. Die Umwandlung einer Spezies in eine andere wird durch das Einfließen der Natur verursacht.

3. Gute oder schlechte Taten sind keine direkten Ursachen der Umwandlung. Sie dienen nur als Zerstörer der Hindernisse zur natürlichen Entwicklung; genauso wie ein Bauer die Hindernisse in einem Wasserlauf entfernt, so daß das Wasser seinem natürlichen Lauf folgt.

Hier erklärt Patanjali die Hindu-Theorie der Evolution der Arten mit Hilfe eines Bildes aus der Landwirtschaft. Der Bauer, der eines seiner Felder aus einem Wasserbehälter bewässert, braucht das Wasser nicht herbeizuschaffen. Das Wasser ist schon da. Alles was der Bauer tun muß, ist, die Schleuse zu öffnen oder einen Damm niederzureißen, und das Wasser fließt durch die natürliche Anziehungskraft aufs Feld.

Das »Wasser« ist die Kraft der Entwicklung, welche nach Patanjali jeder von uns in sich trägt, nur darauf wartend, aus dem »Reservoir« freigelassen zu werden.

Durch unsere eigenen Handlungen »öffnen wir die Schleuse«, das Wasser läuft aufs Feld; das Feld trägt seine Ernte und wird dadurch verändert. Mit anderen Worten, die Form der nächsten Wiedergeburt ist bestimmt. »Jeder Fortschritt und jede Kraft sind schon in jedem Menschen«, sagt Vivekananda. »Vollkommenheit ist in der Natur eines jeden Menschen, sie ist nur eingeschlossen und wird daran gehindert, ihren richtigen Lauf zu nehmen. Wenn jemand den Riegel entfernen kann, bricht die Natur herein.« Um das Bild des Reservoirs weiter zu benutzen: Das Vollbringen schlechter Taten und die darauffolgende Anhäufung von schlechtem Karma ist so, als würde man den Damm an der falschen Stelle niederreißen und hierdurch eine verheerende Überschwemmung verursachen, welche das Feld ruinieren und verunstalten wird.

Wenn dies geschieht, kann man dem Wasser keine Schuld geben; es liegt in seiner Natur, Veränderungen dieser oder jener Art herbeizuführen. Es muß richtig geleitet werden. Und hierfür ist der Bauer verantwortlich.

Wir werden sehen, daß es einen radikalen Unterschied zwischen den alten Hindu- und den modernen westlichen Evolutionstheorien gibt. Wie Vivekananda es ausdrückt: »Die beiden Ursachen der Evolution, die von den Modernen vorgestellt werden, nämlich die sexuelle Auswahl und das Überleben des Stärkeren, sind nicht angemessen. Nehmen wir an, das menschliche Wissen ist so weit fortgeschritten, daß der Wettbewerb beseitigt wurde, sowohl was den Erwerb des physischen Lebensunterhalts als auch den eines Gefährten betrifft. Dann wird, entsprechend den Modernen, der menschliche Fortschritt aufhören, und die Rasse wird aussterben.

Aber Patanjali erklärt, daß das wahre Geheimnis der Entwicklung die Manifestation der Vollkommenheit ist, welche schon in jedem Wesen vorhanden ist; daß diese Perfektion blockiert wurde und die unendliche Flut dahinter sich abmüht, um sich selbst auszudrücken. Sogar wenn jeder Wettstreit aufgehört hat, wird diese perfekte Natur dahinter uns vorwärts treiben, bis jeder vollkommen geworden ist.

Deshalb gibt es keine Ursache, daß der Wettstreit für den Fortschritt notwendig ist. Im Tier war der Mensch unterdrückt, aber sobald die Tür geöffnet war, schoß der Mensch hervor. So ist im Menschen der potentielle Gott durch die Riegel und Gitter der Unwissenheit eingeschlossen. Wenn das Wissen diese Gitter durchbricht, wird Gott offenbart.«

4. Nur der Ego-Sinn kann individuelle Gemüter erschaffen.

5. Obschon die Aktivitäten der verschiedenen erschaffenen Gemüter mannigfaltig sind, kontrolliert das eine ursprüngliche Gemüt sie alle.

Diese beiden Aphorismen beziehen sich auf die psychische Kraft, für sich selbst eine Anzahl untergeordneter Gemüter und Körper zu erschaffen, über die das ursprüngliche Gemüt die Kontrolle behält. Da es der Ego-Sinn ist, der einen individuellen Geist erschafft (I, 17), ist es theoretisch einleuchtend, daß dieser Ego-Sinn fähig sein sollte, untergeordnete Geister zu erschaffen, die sich wie Satelliten um den ursprünglichen drehen. Die Idee ist, daß der Yogi wünschen könnte, mehrere Gemüter und Körper zu besitzen, um sein gesamtes Karma schneller zu erschöpfen. Aber die Weisheit dieses Planes scheint zweifelhaft zu sein. Es gibt die Geschichte eines Königs, der sich selbst viele Körper schuf in der Hoffnung, daß er auf diese Weise seine Gier nach sexueller Lust erschöpfen könnte. Aber schlußendlich gab er den Versuch auf und erklärte: »Wollust wird nie durch Genuß befriedigt; sie flammt nur noch mehr und mehr auf, wie ein Feuer, das mit Butter genährt wird.«

Patanjali scheint dies im nächsten Aphorismus zuzugeben:

6. Von den verschiedenen Gemütsarten ist nur diejenige von allen latenten Eindrücken des Karma und jeder Begierde befreit, welche durch Samadhi gereinigt wurde.

Mit anderen Worten: Karma kann nur durch spirituelle Realisation erschöpft werden, nie durch bloße Übersättigung an Erfahrung.

7. Das Karma des Yogi ist weder weiß noch schwarz. Das Karma der anderen ist von dreierlei Art: weiß, schwarz oder gemischt.

Das Karma gewöhnlicher Menschen ist entweder schwarz (schlecht), weiß (gut) oder gemischt. Aber wenn ein Mensch Samadhi erlangt hat, werden seine Handlungen aufhören, Karmas jedweder Art (siehe I, 18) für sich zu produzieren. Da der erleuchtete Yogi fortfährt zu handeln, *werden* dennoch Karmas produziert, und es kann sogar eine Beimischung von Schlechtem in ihnen sein. Wer bekommt dieses Karma? Shankara gibt eine interessante Antwort auf diese Frage. Er sagt, daß diejenigen, die den erleuchteten Yogi lieben, die guten Wirkungen seiner Karmas erhielten, während diejenigen, die ihn hassen, die schlechten bekämen.

Dies ist dennoch nicht der Fall mit einem *Avatar* oder einer göttlichen Inkarnation. Ein Avatar wie Krishna, Christus oder Ramakrishna ist eine wirkliche Inkarnation der Gottheit. Er tritt in die Erscheinungswelt durch einen Akt der Gnade und des göttlichen freien Willens, nicht weil er hierzu durch die Karmas seiner früheren Geburten gezwungen wird. Er kommt in die Welt ohne Karmas, und seine Handlungen in dieser Welt produzieren keine. Deshalb können die Effekte seiner Karmas nicht von anderen empfangen werden, weder gute noch schlechte.

In der Hindu-Literatur gibt es unzählige Geschichten von Menschen, die Gott oder einen Avatar haßten. Kamsa wollte, daß das Kind Krishna ermordet wird, genauso wie Herodes versucht hat, das Kind Jesus zu töten. Shishupal kämpfte mit Krishna. Ravana kämpfte mit Rama. Und in all diesen Fällen erlangten diese Männer Befreiung. Das mag eigenartig für einen Christen klingen; aber der Punkt ist hier der spirituelle Wert des intensiven Gefühls. Es ist das beste, einen Avatar zu lieben, aber es ist besser, ihn leidenschaftlich zu hassen, als ihm gegenüber gleichgültig zu sein. Gleichgültigkeit ist, wie immer, die größte Sünde. Rajas steht spirituell gesehen höher als Tamas. Durch Rajas können wir Sattva erlangen; durch Haß können wir Liebe finden. Die alten Hindus würden deshalb nicht mit Dante übereinstimmen, wenn er Judas Ischariot in den tiefsten Bereich der Hölle versetzt.

8. Von den Tendenzen, welche durch diese drei Arten von Karma verursacht werden, sind nur solche manifestiert, für die die Bedingungen günstig sind.

In jeder einzelnen Inkarnation werden die Verhältnisse eines Menschen durch das Gleichgewicht seiner Karmas bestimmt. Nehmen wir an, daß die Waage sehr vorteilhaft ist und er geboren wird, um ein Mönch und spiritueller Lehrer zu werden. Er wird noch schlechte Karmas haben, die unter weniger guten Verhältnissen schlechte Tendenzen hervorbringen würden. Aber weil er entsprechend seiner Berufung leben muß und er seinen Schülern ein gutes Beispiel geben muß, werden diese Tendenzen in der Schwebe gehalten werden, und nur seine guten Tendenzen werden manifestiert werden. Dieser Aphorismus betont somit die Wirklichkeit einer geeigneten Umgebung und der Gesellschaft derer, die spirituell gesinnt sind. Wenn ihr als Hund geboren werdet, mögt ihr wohl gute Tendenzen haben, aber sie werden durch eure Hundekondition sehr begrenzt sein. Ihr müßt in Übereinstimmung mit eurer tierischen Natur handeln.

9. Wegen unserer Erinnerung an vergangene Tendenzen wird die Kette von Ursache und Wirkung nicht vom Wechsel der Spezies, des Raumes oder der Zeit durchbrochen.

Mit »Erinnerung« meint Patanjali nicht das bewußte Erinnern, sondern die unbewußte Koordination der Eindrücke, die in vergangenen Leben erfahren wurden, mit den Handlungen und den Gedanken unseres jetzigen Lebens.

Karma – die Kette von Ursache und Wirkung – ist absolut kontinuierlich. Wenn wir im Laufe vieler Verkörperungen unsere Art wechseln – uns vom Tier zum Menschen entwickeln oder vom Menschen in irgendeine nicht-menschliche Art von Wesen –, wird unser Karma weiterhin wirken.

Wie im vorigen Aphorismus notiert wurde, werden aber dennoch nur solche Tendenzen in irgendeinem Leben manifestiert werden, die unserer Art und unserem Zustand entsprechen; der Rest wird in der Schwebe gehalten, bis wir in einer anderen Spezies und einer anderen Kondition wiedergeboren werden, die ihnen angemessen sind.

10. Weil der Wunsch zu existieren immer gegenwärtig war, können unsere Tendenzen keinen Anfang gehabt haben.

Wie wir schon gelernt haben, sieht die Hindu-Philosophie die Erschaffung und die Auflösung als einen Prozeß ohne Anfang und ohne Ende an. Karma ist immer wirksam, hat immer Tendenzen geschaffen. Es gab keine ursprüngliche Handlung.

Wir können uns nur als Individuen vom Karma befreien, indem wir diesem Wunsch, auf der Ebene der Erscheinungen zu existieren, entsagen, und den Atman, unsere ewige Natur, erkennen. Nehmen wir an, jedes Individuum im Universum würde Befreiung erreichen, würde das Universum aufhören zu existieren? Da wir alle noch innerhalb der Zeit sind, kann niemand von uns solch eine Frage beantworten. In Wahrheit kann die Frage nicht richtig gestellt werden. Denn das augenscheinliche Universum ist in dauerndem Übergang von »war« zu »wird sein«; während der Atman ewig »jetzt« ist. Und obschon der menschliche, zeitgebundene Geist diese Behauptung aufstellen kann, kann er unmöglich verstehen, was es wirklich bedeutet.

11. Unsere unbewußten Tendenzen hängen von Ursache und Wirkung ab. Sie haben ihre Grundlage im Gemüt und werden durch die Sinnesobjekte angetrieben. Wenn diese alle entfernt worden sind, sind die Tendenzen zerstört.

Karma kann nur wirken und Tendenzen produzieren, solange verschiedene Ursachen vorhanden sind. Diese Ursachen (II, 3) sind Unwissenheit, Egoismus, Bindung, Abneigung und der Wunsch, am Leben zu hängen. Die Wirkungen dieser Ursachen (II, 13) sind Wiedergeburt, ein langes oder kurzes Leben und die Erfahrungen von Vergnügen und Schmerz. Karma ist grundsätzlich in der Unwissenheit über den Atman verwurzelt. Entferne diese Unwissenheit, und du zerstörst Karma.

»Dieses weite Universum ist ein Rad«, sagt die Swetaswatara Upanishad. »Auf ihm sind alle Kreaturen, die der Geburt, dem Tod und der Wiedergeburt unterworfen sind. Rundherum dreht es und hört nie auf. Es ist das Rad Brahmans. Solange das individuelle Selbst meint, daß es von Brahman getrennt sei, dreht es auf dem Rad herum ... Aber wenn es durch die Gnade Brahmans seine Identität mit ihm erkennt, kreist es nicht länger auf dem Rad. Es erlangt Unsterblichkeit.«

12. Es gibt die Form und den Ausdruck, die wir »Vergangenheit« nennen, und die Form und den Ansdruck, die wir »Zukunft« nennen; beide existieren

innerhalb eines Objektes, zu allen Zeiten. Form und Ausdruck verändern sich je nach Zeit – Vergangenheit, Gegenwart oder Zukunft.

13. Sie sind entweder manifestiert oder fein, je nach der Natur der Gunas.

14. Weil die Gunas innerhalb jeder Veränderung der Form und des Ausdrucks zusammenarbeiten, besteht eine Einheit in allen Dingen.

Die Gita lehrt: »Das, was nicht-existent ist, kann nie werden, und das, was ist, kann nie aufhören zu sein.« Die Formen und die Äußerungen eines Objektes können wechseln, aber all diese Veränderungen der Form und des Ausdrucks haben existiert und werden weiterhin existieren. Die Vergangenheit und die Zukunft existieren im Objekt als eine unmanifestierte, feine Form.

Nichtsdestoweniger sind sie da. Nichts im Universum geht verloren.

Alle Objekte sind aus den Gunas zusammengesetzt. Die Gunas können eine grobe Manifestation projizieren; das heißt, ein sichtbares und faßbares Objekt. Oder sie können eine subtile Manifestation projizieren, unsichtbar für die Sinne. Außerdem können sie ihre Wechselbeziehung ändern – so daß zum Beispiel Rajas vorherrschend wird anstelle von Sattva; in diesem Fall kann die Form des Objektes sich vollständig verändern. Aber da die drei Gunas nie aufhören, in der einen oder anderen Kombination zugegen zu sein, bewahrt das Objekt eine wesentliche Einheit, sogar in der Verschiedenheit seiner Formen und Äußerungen.

Folglich sehen wir, daß derselbe Geist im wesentlichen durch die vielen Wiedergeburten des Individuums hindurch existiert. Es ist nur das Spiel der Gunas, das den Geist seine Form und seinen Ausdruck in verschiedenen Inkarnationen verändern läßt; mal scheinbar hauptsächlich schlecht, dann wieder hauptsächlich gut. Im Geiste eines guten Menschen existieren die vergangenen schlechten Eindrücke noch in einer subtilen Form; und die zukünftigen Eindrücke, welche es auch immer sein werden, existieren auch.

Wie ist dann Befreiung möglich? Patanjali hat diese Frage schon mehrere Male beantwortet; und er hat seine Antwort im Aphorismus 11 dieses Kapitels neu formuliert. Unsere unterbewußten Tendenzen, sagt er, haben ihre Basis im Gemüt. Deshalb muß ein Mensch aufhören, sich selbst mit dem Gemüt gleichzusetzen, um Befreiung zu gewinnen. Wenn er ohne jeden Zweifel weiß, daß er der Atman und nicht das Gemüt ist, wird er von seinem Karma befreit.

Das Gemüt einer befreiten Seele, mit all ihren vergangenen, gegenwärtigen und zukünftigen Eindrücken, existiert nicht länger als phänomenales Objekt; aber es ist nicht verloren. Es löst sich in die undifferenzierte Materie, Prakriti, auf. Es gibt ein indisches Sprichwort, das besagt, daß das Wissen einer erleuchteten Seele sowohl die Gegenwart wie auch die Zukunft in die Vergangenheit verwandelt.

15. Dasselbe Objekt wird von verschiedenen Gemütern unterschiedlich gesehen. Deshalb muß das Gemüt etwas anderes sein als das Objekt.

16. Man kann nicht sagen, daß das Objekt von der Wahrnehmung eines einzelnen Gemütes abhänge. Denn wenn dies der Fall wäre, könnte man das Objekt als nicht-existent bezeichnen in der Zeit, als dieses einzelne Gemüt es nicht wahrgenommen hat.

In diesen beiden Aphorismen widerlegt Patanjali die Philosophie des subjektiven Idealismus. Indem er der Sankhya-Philosophie folgt, gibt er die Realität einer objektiven Welt zu, die unabhängig von unserer mentalen Wahrnehmung ist.

Ferner hebt er hervor, daß die Wahrnehmungen eines Individuums von denen eines anderen verschieden sind. Das Beispiel, das von den Kommentatoren gegeben wird, ist das einer jungen und hübschen verheirateten Frau. Sie bereitet ihrem Mann Freude, bringt andere Frauen dazu, neidisch auf ihre Schönheit zu sein, erweckt Begierde in den Wollüstigen und wird mit Gleichgültigkeit von einem Mann mit Selbstkontrolle angesehen. Welcher dieser Beobachter kennt sie, wie sie wirklich ist? Keiner von ihnen. Das Objekt-in-sich kann nicht durch Sinneswahrnehmung erkannt werden (I, 43).

17. Ein Objekt ist bekannt oder unbekannt, je nach den Stimmungen des Gemütes.

18. Weil der Atman, der Herr des Gemütes, unveränderlich ist, sind ihm die Schwankungen des Geistes immer bekannt.

19. Das Gemüt ist nicht selbst-leuchtend, weil es ein Objekt der Wahrnehmung ist.

20. Und weil es Subjekt und Objekt nicht gleichzeitig wahrnehmen kann.

Wie wir ganz am Anfang dieses Buches gesehen haben (I, 2), ist der Geist nicht der Seher, sondern das Instrument des Atman, welcher ewig bewußt ist. Der Geist ist sich nur zeitweilig der Objekte bewußt, und seine Wahrnehmung von ihnen verändert sich entsprechend seinen eigenen Schwankungen. Das Gemüt ändert sich dauernd und damit das Objekt der Wahrnehmung. Der Atman allein liefert, indem er unverändert bleibt, einen Maßstab, mit dem jede Wahrnehmung gemessen werden kann.

Vivekananda gibt das Beispiel eines fahrenden Zuges, mit einer Kutsche, die daneben fährt. »Es ist möglich, die Bewegung der beiden bis zu einem gewissen Grade herauszufinden. Aber dennoch ist noch etwas anderes nötig. Bewegung kann nur wahrgenommen werden, wenn es etwas anderes gibt, das sich nicht bewegt ... Ihr müßt die Reihen vervollständigen, indem ihr etwas kennt, das sich nie verändert.« Der Geist ist genauso ein Objekt der Wahrnehmung wie irgendein Objekt, das er in der äußeren Welt wahrnimmt. Der Geist ist nicht selbst-leuchtend; das heißt, er ist kein Lichtspender wie die Sonne, sondern ein Lichtreflektor wie der Mond. Der Lichtspender, die »Sonne«, ist der Atman, und der Geist scheint und nimmt nur wahr durch das reflektierte Licht des Atman.

Wenn der Geist aus sich selbst scheinen würde, wäre er fähig, sowohl sich selbst als auch ein äußeres Objekt gleichzeitig wahrzunehmen. Das kann er nicht. Während er ein äußeres Objekt wahrnimmt, kann er sich nicht selbst reflektieren, und umgekehrt.

21. Wenn jemand ein zweites Gemüt postuliert, welches das erste wahrnimmt, dann müßte man eine unendliche Zahl von Gemütern annehmen; und dies würde Verwirrung der Erinnerung verursachen.

Wenn ein Philosoph – um zu vermeiden, die Existenz des Atman zuzugeben – vorschlagen würde, daß das Gemüt in Wahrheit zwei Gemüter sei, ein Wissender und ein Objekt des Wissens, dann würde er sich in Schwierigkeiten befinden. Denn wenn Gemüt A von Gemüt B erkannt wird, dann muß man ein Gemüt C als Kenner von B voraussetzen und ein Gemüt D als Kenner von C, und so weiter. Es würde eine unendliche Regression stattfinden, wie in einem Raum, dessen Wände aus Spiegeln bestehen. Da außerdem jedes dieser Gemüter eine individuelle Erinnerung hätte, würde die Funktion der Erinnerung zu völligem Durcheinander führen.

22. Das reine Bewußtsein des Atman ist unveränderlich. Da der Abglanz seines Bewußtseins auf das Gemüt fällt, nimmt das Gemüt die Form des Atman an und scheint bewußt zu sein.

23. Das Gemüt ist fähig wahrzunehmen, da es sowohl den Atman als auch die Sinnesobjekte widerspiegelt.

Das Gemüt steht sozusagen auf halbem Wege zwischen dem Atman und dem äußeren Objekt. Seine Macht, das Objekt wahrzunehmen, ist nur vom Atman geliehen. In einem völlig dunklen Zimmer kann ein Spiegel nicht den Mann widerspiegeln, der vor ihm steht. Aber wenn ein Licht hereingebracht wird, »sieht« der Spiegel den Mann sofort.

Ähnlich ist die individuelle Seele in der Hindu-Philosophie als das »Reflektierte« oder der »Atman-Schatten« bekannt. Sie hat keine separate Existenz. Es ist nur der Widerschein des Atman auf das Gemüt, welcher einen getrennten Ego-Sinn erschafft.

24. Obschon das Gemüt unzählige Eindrücke und Wünsche hat, handelt es nur, um einem anderen zu dienen, dem Atman; weil es, da es eine zusammengesetzte Substanz ist, nicht unabhängig handeln kann, und um seiner selbst willen.

Jede Kombination von Individuen oder Kräften in dieser Welt muß einen Zweck für ihre Handlungen oder ihre Existenz haben; sonst würde es nur eine sinnlose funktionslose Sammlung von Objekten sein, zufällig zusammengebracht. Und dieser Zweck muß außerhalb ihrer selbst sein.

Ein Kongreß oder ein Parlament wäre nur eine Versammlung geräuschvoller Individuen in einem Raum, wenn sie nicht den Zweck der Gesetzgebung für eine Gemeinde hätten. Ein Haus ist nur ein Stapel von Materialien, bis ein Besitzer kommt, um es zu bewohnen und sich daran zu erfreuen. So ist es auch mit dem Gemüt – jenem schreienden Parlament mit gegensätzlichen Interessen und Wünschen. Es ist nichts als ein Irrenhaus, bis es »zur Ordnung« gerufen wird. Es kann nur durch den äußeren Willen des Atman zielgerichtet werden.

25. Der Mensch mit Unterscheidungsvermögen hört auf, das Gemüt als den Atman anzusehen.

26. Wenn der Geist auf die Praxis der Unterscheidung erpicht ist, bewegt er sich auf die Befreiung zu.

27. Zerstreuungen, durch vergangene Eindrücke bedingt, können aufkommen, wenn der Geist auch nur im geringsten in seiner Unterscheidungsfähigkeit nachläßt.

28. Sie können auf dieselbe Art und Weise bewältigt werden wie die Hindernisse zur Erleuchtung.

Das heißt, durch Meditation und indem der Geist in seine ursprüngliche Ursache zurück aufgelöst wird (also Samadhi erlangt), wie in Kapitel II, Aphorismus 10 und 11, erklärt wurde.

Es gibt einen Ausspruch von Sri Ramakrishna, der sagt, daß man an heißen Tagen sich andauernd Luft zufächeln müsse, aber daß es unnötig wird, wenn die Frühlingsbrise weht. Wenn ein Mensch Erleuchtung erlangt, wird die Brise der Gnade dauernd gespürt, und das Fächeln (die dauernde Praxis der Unterscheidung) wird nicht länger gebraucht.

29. Wer unverwirrt bleibt, selbst wenn er im Besitz aller psychischen Kräfte ist, erreicht als Resultat perfekter Unterscheidung jenen Samadhi, welcher »Wolke der Tugend« genannt wird.

30. Hierdurch hört die Unwissenheit auf, die Ursache des Leidens, und es kommt die Freiheit von der Macht des Karma.

Wenn ein Yogi nicht vom Weg der Unterscheidung abgebracht werden kann, selbst wenn er den schrecklichen Versuchungen ausgesetzt ist, die durch den Besitz der psychischen Kräfte aufkommen, dann sagt man, daß das Wissen ihn überschütte wie eine Regenwolke, eine »Wolke der Tugend«, indem sie Befreiung und Gottes Glückseligkeit herabgießt.

31. Dann wird das ganze Universum, mit all seinen Objekten der Sinneswahrnehmung, zu nichts im Vergleich zu diesem unbegrenzten Wissen, welches frei von allen Hindernissen und Unreinheiten ist.

Einem Menschen in seinem gewöhnlichen Sinnesbewußtsein erscheint das Universum voller Geheimnisse. Es scheint so unendlich viel zu erforschen und zu wissen zu geben. Jedes Objekt ist eine Einladung zum Studium. Er wird von dem Gefühl seiner eigenen Unwissenheit übermannt. Aber für den erleuchteten Yogi sieht das Universum überhaupt nicht mysteriös aus. Man sagt, daß, wenn man Lehm kennt, man die Natur von allem kennt, was aus Lehm gemacht ist. Wenn man den Atman kennt, so kennt man die Natur von allem im Universum. Dann sehen alle gewissenhaften Forschungen der Wissenschaft aus wie die Anstrengungen eines Kindes, den Ozean mit einem Löffel zu leeren.

32. Dann kommen die Veränderungen der Gunas zum Ende, denn sie haben ihren Zweck erfüllt.

33. Dies ist die Abfolge von Veränderungen, die in jedem Moment stattfinden, die aber nur am Ende einer Reihe wahrgenommen werden.

Die Gunas formen, wie bereits gesagt wurde (II, 18), dieses Universum, damit der Erfahrende es erfahren kann und so befreit werden kann. Wenn Befreiung erlangt wurde, haben die Gunas ihren Zweck erfüllt.

Zeit ist eine Abfolge von Momenten und somit eine Abfolge von Veränderungen der Gunas, die in jedem Moment stattfinden. Wir sind uns dieser Moment-Veränderungen nur in Abständen bewußt, wenn eine ganze Reihe von ihnen eine Veränderung zur Folge gehabt hat, welche bemerkenswert genug ist, damit sie unseren Sinnen augenscheinlich ist. Zum Beispiel bemerken wir nicht von Moment zu Moment, daß eine Knospe sich öffnet; aber am Ende einer Abfolge, welche mehrere Stunden beanspruchen kann, erkennen wir die Veränderung, die blühende Blume. Dasselbe geschieht am Ende einer Folge von Eindrücken und Gedanken, welche zu einem Entschluß oder einer Idee führen.

Aber für eine erleuchtete Seele hat die Zeit keine Realität. Es gibt keine Folge in ihren Gedankenmustern. Sie kontrolliert sozusagen die Zeit und kennt die Vergangenheit, die Gegenwart und die Zukunft wie ein Blitz im ewigen Jetzt (III, 53).

34. Da die Gunas nicht mehr länger den Zweck haben, dem Atman zu dienen, lösen sie sich von selbst in Prakriti auf. Dies ist Befreiung. Der Atman scheint weiter in seiner eigenen ursprünglichen Natur, als reines Bewußtsein.

Wir überlassen Swami Vivekananda das letzte Wort: »Die Aufgabe der Natur (Prakriti) ist vollbracht, diese selbstlose

Pflicht, die unser süßes Kindermädchen, die Natur, sich selbst auferlegt hatte. Sie nahm sozusagen die sich selbst vergessende Seele freundlich bei der Hand und zeigte ihr alle Erfahrungen des Universums, alle Manifestationen, indem sie sie höher und höher durch verschiedene Körper geleitete, bis ihre verlorene Herrlichkeit wiederkam und sie sich ihrer eigenen Natur entsann. Dann kehrte die liebe Mutter denselben Weg zurück, den sie kam, für andere, die auch ihren Weg in der spurlosen Wüste des Lebens verloren haben. Und so arbeitet sie, ohne Anfang und ohne Ende. Und so, durch Vergnügen und Leid, durch Gut und Böse, fließt der unendliche Strom der Seelen in den Ozean der Vollkommenheit, der Selbstverwirklichung.«

Glossar und Index

A	
Ahamkar 36	*der Ego-Sinn*
Ahimsa 120f	*Gewaltlosigkeit; Harmlosigkeit*
Asana 114, 130f	*Sitz; Yoga-Haltung*
Ashram 41	*Lebensabschnitt; spirituelles Zentrum*
Atman I0, 13, 16ff, 19, 22ff, 29, 31f, 36, 40f, 43, 45, 46, 48f, 63f, 68, 78, 82, 86f, 89f, 92f, 97, 100f, 103ff, 106, 108ff, 111ff, 114f, 123 144, 153, 159, 163f, 171f, 174f, 177f, 180	*das Selbst; reines, absolutes Bewußtsein*
Aum 50	*OM, Symbol für Gott (Brahman)*
Avatar 15, 47, 169	*Inkarnation des Göttlichen*
B	
Bhagavad-Gita 11, 17, 30, 35, 81, 165	*Teil des Mahabharata; Sri Krishnas Lehre*
Bhakti 14f, 125f, 128f	*Liebe zu Gott*
Brahma 47	*Gott als Schöpfer*
Brahman 31ff, 46f, 62f 70, 74, 77ff, 84, 93, 96 111f, 126, 128, 134, 144, 162, 172	*das unpersönliche Absolute*
Buddhi I7, 36	*die Unterscheidungsfähigkeit*
C	
Chakras 127	*spirituelle Zentren feinstofflicher Energie*

Bitte beachten Sie
die folgenden Seiten: